Marie Plassard

W0252049

# REINE DES Sabbats

Connectez-vous à l'énergie des saisons,
à la magie des rituels et célébrations sacrées

LEDUC
ÉSO

*À Billie, reine de mes sabbats,*
*soleil noir de mes jours et de mes nuits.*

# Les lectrices en parlent !

« Ce livre ravira toutes celles qui se sentent appelées à se reconnecter à leur nature profonde, sauvage et sacrée. Mais aussi toutes celles qui souhaitent approfondir leur pratique païenne ou se connecter au cycle de la vie et de la nature. C'est le livre qui va me suivre tout au long de l'année pour mes rituels sacrés. J'adore et je recommande ! »

**Nikita Dautremont, @rdv.avec.moi.maime**

« Marie Plassard est une sorcière, une fée, j'ai été envoûtée par la lecture de son livre. »

**Manon Taillez, La lecture de Manon**

« Coup de cœur. Coup de foudre pour cet ouvrage. Dans notre société ultra-connectée, où tout doit aller vite, toujours et tout le temps, on oublie souvent l'essentiel. Je suis profondément reconnaissante à Marie Plassard pour ce merveilleux ouvrage, plein d'humanité. »

**Victoria Grimoin, @Nantes_lectureclub**

« C'est un livre qui s'adresse directement à notre cœur, à notre âme, à cette lumière que l'on sent vibrer en nous et qui ne demande qu'à briller plus fort. On virevolte entre le cycle des saisons, les traditions lointaines, l'histoire, les différentes cultures, les mythes, les rituels, les activités saisonnières… On se laisse tout simplement emporter dans une danse passionnante et infiniment sensorielle. L'auteure nous tend la main pour oser être celle que nous sommes, ou celle que nous souhaitons devenir. Pour oser s'affirmer, faire vivre ses rêves et s'affranchir des dogmes. Pour oser être libre. Un passionnant voyage sur le chemin du sacré, de l'intuition, des intentions, du temps de la vie, des énergies et de la magie. Une pépite ! »

**Claire Donati, @les.lectures.de.claire**

« Un livre riche, complet et syncrétique. Voilà un ouvrage qui manquait dans le paysage ésotérique. »

**Anne-Valérie Quénet, Sorcière des Abers**

« J'ai trouvé ce livre très bien expliqué, illustré et extrêmement ludique même quand on est novice. Les anecdotes historiques tout comme les idées de rituels sont parfaitement distillées. Je vais le relire plusieurs fois, pour me laisser le temps d'intégrer et de retenir ses précieuses informations petit à petit. »

**Constance Albert, constancemoon.com**

**REJOIGNEZ NOTRE COMMUNAUTÉ DE LECTEURS !**

**Inscrivez-vous à notre newsletter** et recevez des informations sur nos parutions, nos événements, nos jeux-concours… et des cadeaux !
Rendez-vous ici : **bit.ly/newsletterleduc**

Retrouvez-nous sur notre site **www.editionsleduc.com**
et sur les réseaux sociaux.

**Leduc s'engage pour une fabrication écoresponsable !**
« Des livres pour mieux vivre », c'est la devise de notre maison. Et vivre mieux, c'est vivre en impactant positivement le monde qui nous entoure ! C'est pourquoi nous avons fait le choix de l'écoresponsabilité. Un livre écoresponsable, c'est une impression respectueuse de l'environnement, un papier issu de forêts gérées durablement (papier FSC® ou PEFC), un nombre de kilomètres limité avant d'arriver dans vos mains (90 % de nos livres sont imprimés en Europe, et 40 % en France), un format optimisé pour éviter la gâche papier et un tirage ajusté pour minimiser le pilon ! Pour en savoir plus, rendez-vous sur notre site.

Conseil éditorial : Anne-Claire Méret
Édition : Bleuenn Jaffres
Maquette : Evelyne Nobre
Relecture : Audrey Peuportier
Design de la couverture : Antartik
Illustration de couverture : Marie Ollier
Illustration p. 27 : Adobe Stock
Illustrations intérieures : Anna Xhaard

© 2022 Leduc Éditions
10, place des Cinq-Martyrs-du-Lycée-Buffon
75015 Paris – France
ISBN : 979-10-285-2329-9

# SOMMAIRE

# AVANT-PROPOS
# L'appel de la sorcière

*« La sorcière surgit au crépuscule, au moment des angoisses vespérales, alors que tout semble perdu. Elle est celle qui parvient à trouver des réserves d'espoir au cœur du désespoir. »*

**Mona Chollet**

Comme toutes les femmes, je suis née sorcière.

Pourtant, pendant de longues années, je me suis laissé entraîner par le tourbillon des conventions sociales, animée par l'envie d'être reconnue dans l'espoir de trouver dans l'approbation d'autrui une confiance en moi que je n'avais jamais connue.

Au fil du temps, j'ai oublié ce pouvoir du dedans qui gronde à l'intérieur de notre ventre de femme ; j'ai oublié que notre essence est divine et sacrée. Que nous créons notre vie à chaque instant. Que le vent, les rivières, la lune, la terre, le soleil, la mer, les torrents, les animaux, les plantes et les pierres sont nos alliés et nos égaux. J'ai oublié, comme vous, que scintillent en mon antre la lumière des étoiles et la puissance de l'Univers tout entier.

Depuis ma petite enfance, je suis une chercheuse de vérités, en quête de liberté et d'authenticité. J'interroge inlassablement les êtres qui m'entourent quant au sens de la vie. J'ai toujours senti qu'au-delà des apparences il y avait autre chose. Et cette autre chose, je l'ai cherchée partout ; dans l'art, la poésie, les nuages, la philosophie, la fête, l'ésotérisme et la spiritualité. C'est cette soif insatiable qui m'a conduite sur le chemin du sacré et a fait souffler un vent de magie dans ma vie. Cependant, durant des années, j'ai insidieusement renié ma nature profonde, tout en cherchant un sens à mon existence et ma place dans le monde.

À l'aube de ma vingtième année, j'ai senti gronder dans mon être l'appel de la sorcière, celle qui sommeille dans le cœur des femmes d'hier et d'aujourd'hui. J'ai senti vibrer en moi le son du tonnerre au milieu d'une nuit chaude d'été, le cri poussé par la lumière brûlante et argentée d'une pleine lune ardente. Un cri du ventre, un cri du cœur, étouffé depuis des années, peut-être même des siècles. Ce cri, c'est celui de la femme sauvage, divine et sacrée.

Il est venu me rappeler que je suis l'arrière-arrière-petite-fille d'une lignée de femmes insoumises, de sorcières. Guérisseuses, femmes-médecine, sages-femmes, enchanteresses, sourcières, coupeuses de feu, herboristes… peu importe comment elles sont nommées, la liberté, le plus puissant de tous les pouvoirs, coule dans le sang des femmes de ma lignée. La liberté d'être et de vivre comme bon nous semble, malgré les mœurs, la société, les nombreuses épines sur le chemin ou encore la peur.

Et si j'ai encore du mal à l'expliquer ou à l'exprimer, ce cri revient chaque jour hanter mes rêves ; mes actes et mes pensées. Tel un appel urgent à préserver le Vivant et la liberté, à oser vivre pleinement.

Oser être exactement celle que nous sommes ou celle que nous souhaitons être ici et maintenant.

Parfaitement imparfaite.

Vivante et libre.

La sorcière, gardienne des rites secrets et de l'harmonie entre les règnes, est avant tout une femme connectée à sa nature cyclique autant qu'au cycle de la nature, embrassant sa vérité sans cesse renouvelée.

Une femme affranchie des dogmes et des conventions sociétales.

Libre du regard des autres et des hommes, dont elle se sent la complice et l'égale.

Libre de faire des vœux à la Lune, des offrandes au Soleil.

Libre de se sentir reliée dans l'immensité du Grand Tout.

Libre de faire du sport ou non, d'être en couple ou non.

Libre d'élever ses enfants ou de donner la vie autrement.

Libre de construire un empire, ou d'être une grande rêveuse.

Libre de se créer une vie haute couture, d'être une femme de l'instant.

La sorcière dérange et bouleverse autant qu'elle inspire.

Elle est là pour transmettre un héritage invisible souvent impalpable, toujours éminent tant il touche directement notre cœur et ne laisse personne indifférent.

La sorcière est libre de vivre intensément chaque seconde de l'aventure humaine car elle fait corps avec le cycle de la vie, la Roue sacrée du temps. Elle est la reine des sabbats. Réveillons-la, elle n'attend que ça.

# INTRODUCTION

*« Si l'humanité doit évoluer, cette évolution se fera*
*dans le sacré, dans une conscience que la vie*
*est magique, belle, enchanteresse, que la nature*
*est un don, la manifestation d'un principe qui nous dépasse. »*

Pierre Rabhi

## MA RECONNEXION À LA NATURE

Depuis aussi longtemps que je m'en souvienne, j'ai toujours pratiqué la magie. Déjà toute petite, je ramassais des pierres, des coquillages, des plumes. Autant de trésors que je regardais avec affection, et dans lesquels je plaçais des espoirs et des intentions. La magie du verbe, la vibration des mots et des rimes m'ont toujours enchantée. Intuitivement, je me suis éveillée très tôt à la pratique des rituels et à la puissance des incantations.

Mon enfance m'y a aidée ; j'ai eu la chance de grandir au bord de la mer, entourée d'eucalyptus, de vignes et de cyprès. La nature, la terre et les animaux m'ont initiée aux mystères du Vivant ainsi qu'à sa beauté. De cette magie brute et originelle, j'ai puisé ma force, mon inspiration, mes valeurs et mes aspirations.

Plus tard, c'est la naturopathie[1] qui m'a reconnectée aux lois de la vie ainsi qu'à la magie des rituels. Après des années de déconnexion avec ma sorcière intérieure, et malgré son appel qui brûlait mon cœur, c'est sa pratique qui m'a aidée à renouer avec mes propres cycles, ceux de la Lune et des saisons. Ainsi, naturellement, j'ai recontacté mon savoir ancestral et celui de mes lignées. Je me suis mise à célébrer les sabbats, à danser avec la sagesse des saisons et leurs invitations teintées de magie.

Aujourd'hui, je ne donne plus de consultations de naturopathie, néanmoins elle reste mon socle et ma philosophie de vie. Et désormais, j'accompagne et guide les personnes sur le chemin de leur propre magie, vers leur nature sauvage et leur puissance originelle, vers une affirmation de leur souveraineté au travers de leur reconnexion au Vivant, au corps et à la sensorialité. Je réinvite dans nos vies modernes la magie des rituels et la célébration de ces fêtes universelles et sacrées que sont les sabbats.

Avec ce livre, je n'ai pas la prétention de vous « apprendre des choses ». Je n'ai d'ailleurs aucune prétention, seulement des intentions.

1. Je suis naturopathe certifiée depuis 2018.

Je ne suis pas historienne, ni chercheuse en ésotérisme. Je suis une païenne[2]. Je ne détiens aucune vérité. J'essaie chaque jour de toucher la mienne d'un peu plus près et d'honorer du mieux que je peux le Vivant et son cycle éternel.

Je suis une humaine qui se laisse ensemencer par ses rêves, guider par ses intuitions et les enseignements séculaires et sacrés de la Roue de l'année, sur laquelle nous allons danser au fil des pages.

Une femme qui a enfin choisi de se choisir en laissant couler la sagesse des rites anciens et sacrés dans le flot de sa vie de femme moderne.

Une femme qui vibre de partager cette magie avec vous.

Et pour ne rien vous cacher, ce n'est pas à votre tête que j'ai envie de m'adresser, mais à votre cœur, à vos sens. Tel un dialogue secret avec vos parts sacrées qui ne demandent qu'à être davantage révélées.

Mon désir est de vous emmener danser à travers les saisons, ces fêtes magiques et ces traditions de la Roue de la vie. J'ai envie que vous puissiez sentir l'odeur de la terre chaude après la pluie, entendre le murmure suave du vent d'été et le silence de l'hiver. Que vous vous laissiez enivrer par la senteur des fleurs printanières.

Que vous puissiez sentir la chaleur du soleil sur votre cœur et votre feu sacré se réveiller dans votre ventre.

2. Païen, païenne : se dit des peuples polythéistes et de ce qui se rapporte à leurs croyances.

Par mes mots, ma vision et le partage intime de la célébration de mes sabbats, je souhaite vous transporter dans des traditions lointaines qui vivent en silence dans nos ADN. J'émets le souhait, ici et maintenant, de vous emmener sur le chemin du sacré. De vous faire voyager dans un temps sans futur ni passé.

Le temps de la vie et de la magie.

Que ce soit en Europe, en Inde, en Amérique latine, en Asie ou en Iran, revenons dans un temps où les hommes vivent en harmonie avec la Terre et honorent le Vivant.

Je souhaite que vous ressentiez le vent des saisons et tous les cadeaux qu'il nous offre à travers ses différentes invitations.

Que vous sentiez le souffle divin circuler dans vos poumons.

Que vous vous sentiez encore plus vivant et vibrant.

## LA ROUE DE L'ANNÉE ET SES HUIT SABBATS

Cette Roue et ce livre s'articulent autour de huit fêtes sacrées, huit sabbats, qui sont célébrés par toutes les sorcières et les sorciers du monde entier car ce sont des moments de l'année où l'énergie de la magie est à son apogée.

Ils m'aident et ils vous aideront à établir ou à rétablir une connexion avec l'invisible, que ce soit avec votre inconscient, vos émotions, les esprits ou cette énergie qui nous dépasse, que certains appellent Dieu, la Vie, la Source, le Vivant ou encore le Grand Mystère. Peu importent les mots.

Parmi ces huit sabbats[3], quatre sont dits « majeurs » : Samhain, Imbolc, Beltane et Lughnasadh. Les quatre autres, dits « mineurs », correspondent aux solstices et aux équinoxes : Yule (solstice d'hiver), Ostara (équinoxe de printemps), Litha (solstice d'été) et Mabon (équinoxe d'automne). Les équinoxes et les solstices sont d'essence solaire, alors que les quatre autres sabbats sont d'essence lunaire.

Ces sabbats, majoritairement inspirés par les traditions celtiques et germaniques, sont honorés depuis la nuit des temps par des cultures et civilisations très anciennes. En fonction de la place qu'ils tiennent dans le cycle annuel, ils ont un thème, des intentions et des rituels particuliers.

Aujourd'hui, leur célébration est toujours pratiquée autant par les païens que par les adeptes de la Wicca[4]. Même si leurs noms diffèrent selon les pays et les traditions, ils partagent les même racines, la même histoire et la même essence.

3. D'origine hébraïque, le mot « sabbat », en sorcellerie, est associé aux assemblées nocturnes des sorcières durant lesquelles étaient célébrées les cérémonies païennes. De façon plus générale, les sabbats sont les rassemblements où on pratique des rites et des rituels.

4. La Wicca est une religion néopaïenne fondée au XXe siècle basée sur un culte de la nature, des traditions ésotériques et chamaniques et une multitude de sagesses ancestrales. Aussi surnommée « religion de la Terre », elle invite chacun de ses adeptes à célébrer et à respecter la Terre, voue un culte à la nature et à ses esprits. La pratique de la magie incluant les éléments ayant pour intention de veiller à l'harmonie entre les mondes et les différents règnes est centrale dans la Wicca.

On les retrouve notamment dans les rites de la culture judéo-chrétienne, avec laquelle j'établirai parfois le lien afin de les rendre encore plus proches de nous et de nos vies d'aujourd'hui. Nous voyagerons à travers différentes cultures, cultes et pays dans lesquels les humains célèbrent depuis des temps très anciens le cycle de la nature.

## SE (RE)CONNECTER AU CYCLE DES SAISONS

Se (re)connecter au cycle des saisons ou de la Lune, c'est découvrir que nous les portons aussi en nous. Que nous pouvons sentir battre dans nos veines cette magie sacrée du Vivant.

Que cette impermanence perpétuelle fait partie intégrante de notre essence.

Ces sabbats célèbrent la vie, et nous rappellent à la magie universelle de l'invisible. Célébrer la vie et chacune de ses étapes, chacun de ses passages, est une façon de se sentir connecté à soi et au Vivant tout entier.

Au fil des sabbats, vous constaterez que l'énergie solaire – qu'elle soit sous la forme du feu, du soleil ou de la lumière – est le fil d'or de ce cycle perpétuel sacré.

Cet équilibre inhérent au Vivant, alternance de temps de repos et d'activité, est bien trop souvent ignoré dans nos sociétés déconnectées du cycle organique de la vie. Prenons-nous plus de temps en hiver pour nous reposer ? Mettons-nous notre énergie au diapason de l'énergie solaire ?

Allégeons-nous nos repas en hiver comme le faisaient les anciens ? Suivons-nous le rythme effréné du soleil en été ? Ou profitons-nous plutôt de cette période pour prendre nos vacances alors que l'énergie est à son apogée ?

Se reconnecter au cycle des saisons permet de nous reconnecter et d'épouser notre propre cycle, de renforcer notre vitalité et la conscience du monde dans lequel nous nous inscrivons.

# PRÉLIMINAIRES

## TEMPORALITÉ

Traditionnellement, l'année se divise en deux grandes périodes, la saison sombre, inaugurée par Samhain le 31 octobre, et la saison claire, initiée six mois plus tard par Beltane la veille du 1er mai.

Pour de nombreuses traditions, le temps est représenté tel une roue autour de laquelle les temporalités se chevauchent, où la fin laisse immédiatement place au renouveau, à l'image de la vie et de son éternel recommencement. Le Soleil et la Lune sont les grands chefs d'orchestre de ce cycle du temps et de la vie sur Terre.

La Roue de l'année commence pour moi par le sabbat si spécial de Samhain. Selon les diverses pratiques et traditions païennes, elle commence cependant à différents endroits du cycle des saisons et du Soleil.

Pour certains, elle démarre lors du sabbat d'Ostara, l'équinoxe de printemps, lorsque la terre commence à reprendre vie et à se réchauffer. Pour d'autres, la saison sombre va du solstice d'été au solstice d'hiver, suivant ainsi les variations de la lumière. Vous l'aurez compris, il y a autant de croyances, de pratiques et de traditions que d'êtres humains sur Terre.

Selon les pays, les familles, les courants religieux, spirituels, ésotériques, les us et coutumes varient, y compris les dates qui font bien souvent débat.

Ces dates sont donc à prendre avec de la distance car en fonction de l'endroit où l'on vit, les saisons peuvent être décalées. On peut donc soit se baser sur la date du calendrier, soit préférer suivre celle des astres[5], ou simplement écouter l'invitation quand elle se présente. À vous de choisir ce qui résonne le plus.

Au-delà des dates du calendrier, ce qui est primordial, c'est l'observation du cycle et de sa beauté, de ses enseignements. Cela passe surtout par l'observation des animaux et des végétaux. Célébrer les sabbats est avant tout un cheminement en phase avec les rythmes de la nature, c'est aussi et surtout mettre au diapason son rythme intérieur avec celui de la sagesse des saisons.

La nature que l'on observe autour de soi est un dialogue avec ce qui passe à l'intérieur, dans notre intimité profonde.

---

5. Les sabbats mineurs se situent au degré 0 du signe astrologique concerné. Les sabbats majeurs se trouvent à égale distance, soit au degré 15 du signe zodiacal.

L'intime et l'universel sont bel et bien reliés, aussi invisible soit le fil.

Renouer avec ses sagesses anciennes m'a permis de renouer avec ma véritable nature. J'ai pu alors recontacter la beauté de mes profondeurs, l'aspect sacré de ma cyclicité de femme. Libérer ma magie intérieure et ma puissance créatrice, trouvant ainsi un ancrage qui connecte ma tête à mon cœur.

## MELTING-POT SPIRITUEL

Nombreux sont les néopaïens qui mélangent les anciennes traditions aux fêtes plus officielles car, nous allons le voir ensemble, les traditions ont de nombreux symboles en commun. Nous avons tous les mêmes racines. La fusion des traditions s'opère par mixité des coutumes et des spiritualités au sens d'une même famille.

Cette fusion s'opère aussi parfois par pudeur. Car il existe encore une certaine pudeur à assumer une spiritualité qui sort du cadre des grandes religions monothéistes, peut-être aussi des réminiscences de la chasse aux sorcières pour qui Dieu était avant tout représenté par la nature elle-même, c'est-à-dire aussi par notre côté divin. Replacer notre pouvoir divin à l'intérieur plutôt que dans une autorité extérieure est une religion qui ne plaît pas à tout le monde. Cela ne fait que quelques années que j'ose dévoiler ma spiritualité au grand jour.

Aujourd'hui, je célèbre les sabbats sans craindre d'être jugée, moquée ou rejetée car la puissance émanant de ces célébrations est un véritable trait d'union entre le visible et l'invisible, l'ancien et le nouveau et me permet de me sentir chaque jour un peu plus vivante. Elles guident mon chemin sur Terre et donnent du sens à ma vie. Elles nourrissent mon jardin secret, créent du lien entre le subtil et le concret.

Elles me permettent de me rencontrer plus en profondeur et de participer à l'harmonie entre les mondes, le corps et l'esprit, entre les hommes et les dieux.

Et comme je vous le confiais plus haut, je suis aussi beaucoup plus en paix avec mes paradoxes, que je considère avec distance comme des purs reflets de mon humble humanité. Les paradoxes et les différentes polarités façonnent aussi chaque étape de la Roue. Ainsi, à l'instant où nous célébrons le solstice, nous célébrons le début de l'hiver et ses ombres, ainsi que le retour de la lumière.

## DIVINITÉS

Dans le livre, le principe masculin, yang, est nommé à la façon celte, « le Dieu » ; il est en parfaite équanimité avec le principe féminin que l'on nommera « la Déesse » ou « la déesse au triple visage » ; ces trois visages symbolisant les trois grandes étapes du cycle : la jeune fille, la mère et la femme sage et savante, la sorcière.

Tout au long de l'année, le Dieu et la Déesse marchent main dans la main. Lorsque la lumière du Soleil n'éclaire plus notre hémisphère, annonçant alors la saison sombre, la Déesse, après avoir été fertile et généreuse, accompagne son cher et tendre et entre elle aussi dans l'immobilité-silence de l'hiver.

Pour chaque fête, vous trouverez par ailleurs une liste non exhaustive de divinités, de différentes cultures et divers panthéons que j'apprécie, mais je vous invite à trouver celles parmi les spiritualités du monde qui entreront en résonance avec votre sensibilité. Encore une fois, faites-vous confiance, laissez-vous guider par votre intuition. En magie comme dans la vie, il n'y a aucune obligation !

D'après mon expérience, on se sent appelé par une énergie particulière, par une divinité. Le plus souvent sous la forme d'une envie ou d'une curiosité irrésistible d'en apprendre davantage, comme un lien invisible, une attirance forte qui ne s'explique pas. C'est un appel du cœur et de l'âme que l'on peut difficilement ignorer.

Si la plupart des divinités sont des énergies, des archétypes qui vivent à l'intérieur de nous et de notre psyché, leur présence auprès de nous est aussi magique qu'exigeante. Car si elles peuvent nous être d'une aide précieuse et mettre de la magie dans nos vies, sachez qu'elles nous mettront aussi à l'épreuve pour nous permettre d'évoluer, d'honorer la voix de notre âme et de maintenir l'équilibre entre les différents règnes et mondes.

## SPIRITUALITÉ PAÏENNE

Dans ma vision, la spiritualité se vit, se pleure, se touche, se rit, se dessine, se goûte, se chante, se crie, se sent, se danse, s'écrit. Elle est une façon d'habiter notre corps et notre cœur, d'habiter notre peau et d'ainsi se sentir vivante et vibrante. Une façon d'être plus que de faire. Elle est une expérience de tous les jours qui fait descendre l'esprit dans la matière, qui apporte plus de conscience, plus de confiance et de sens.

La connexion spirituelle à travers les sabbats permet de vivre chaque période de l'année, chaque passage avec plus d'intensité et de joie.

Elle est pour moi à l'image du mouvement de la vie, de la puissance de la nature, quelque chose de bien plus grand que nous et dont nous faisons partie. Elle permet de faire corps avec le cycle de vie-mort-renaissance, et donc avec nous-même.

Ce que j'aime dans ces fêtes magiques et ces rituels sacrés, c'est leur universalité, bien que nos conditions de vie actuelles ne soient pas comparables à celles de nos ancêtres (qui étaient souvent mis à l'épreuve par les forces de la nature, qu'ils craignaient autant qu'ils les vénéraient).

Les sabbats révèlent la magie, le sacré et l'immensité de notre propre nature, ils font de nous des reines et des rois.

Ils nous offrent cette capacité qui rend humble, celle de voir au-delà. Voir au-delà des mondes et des apparences, sentir au-delà des mots, penser au-delà des croyances et des préjugés, vivre au-delà de nos propres limitations.

Dans la spiritualité comme dans la sorcellerie, il n'y a pas *une* bonne façon de faire, pas de mode d'emploi qui nous dicte comment honorer les lois sacrées universelles. Ni comment ouvrir son cœur chaque jour un peu plus. Ça se saurait…

Il s'agit surtout de vivre l'expérience, de la vivre dans son cœur et dans chacune des cellules de son corps.

## FAIRE APPARAÎTRE LA MAGIE

Peut-être que tout cela vous paraîtra abstrait selon l'endroit où vous en serez dans votre cheminement sur la Roue, peu importe, laissez-vous simplement porter.

La connexion aux énergies des saisons est une expérience qui se vit au fur et à mesure. Au début, on peut avoir le syndrome du « bon élève » et suivre les rituels ou les activités saisonnières à la lettre sans forcément ressentir grand-chose.

C'est normal, il faut bien commencer quelque part. J'espère vous donner envie de commencer, de vous laisser guider par vos ressentis et vos intuitions et d'ainsi aller à la rencontre de l'énergie des saisons.

De découvrir leurs mystères, leur sagesse et leur magie. Plus vous vous ferez confiance et suivrez votre intuition, plus la magie apparaîtra.

C'est une relation qui se crée et se nourrit comme n'importe quelle relation. C'est aussi un engagement, celui de prendre soin de soi et de la nature puisque c'est une façon de s'inscrire en elle. De nous rappeler que la nature n'est pas quelque chose à côté de nous, mais que nous sommes la nature. Et que comme elle nous sommes cycliques, changeants, impermanents.

Enfin, on n'est pas obligé d'avoir des affinités avec tous les sabbats, d'ailleurs ici il n'y a aucune obligation, seulement des propositions.

## LE POUVOIR DE L'INTENTION

Outils magiques, vêtements de cérémonie, plantes et encens rares, oracles et cristaux et autres grimoires ne sont pas des indispensables pour s'initier à la magie.

Le plus important est la pureté de notre cœur et la force de nos intentions.

Le chemin du sacré est un chemin d'humilité, la quête d'une conscience, d'un respect et d'une harmonie accrus.

*La Roue de l'année*

# SAMHAIN

31 octobre

## LE NOUVEL AN DES SORCIÈRES

*« Le vrai tombeau des morts,*
*c'est le cœur des vivants. »*
Jean Cocteau

**Énergies :** Nouvel An, métamorphose, ancêtre, divination, magie, saison sombre

**Arbres :** cyprès, pommier, if, cèdre

**Plantes :** sauge, romarin, armoise

**Encens :** patchouli, copal, myrrhe

**Cristaux :** aigue-marine, obsidienne, émeraude, onyx

**Couleurs :** orange, noir, or et toutes les couleurs automnales

**Rituels :** communication avec les mondes, développement des pouvoirs psychiques, protection, transformation

La Roue de l'année, cette valse entre le Soleil et la Lune, commence par le sabbat si spécial de Samhain[6].

Samhain est un sabbat sacré et magique, comme ils le sont tous, mais pour moi il a une tonalité toute particulière. Peut-être parce c'est le seul qui aborde de si près le thème de la mort, si tabou dans nos sociétés modernes. Peut-être aussi parce que la nuit de Samhain, la nuit du 31 octobre au 1er novembre, le voile entre les mondes est le plus ténu, la communication avec les mondes subtils est donc facilitée.

Mais nous le verrons ensuite, c'est aussi le cas à Beltane, fin avril, son alter ego à l'opposé de la Roue, ou encore à Litha, la chaude et longue nuit du solstice d'été.

J'aime l'énergie de ce sabbat, peut-être aussi parce que c'est mon sabbat d'anniversaire et c'est surtout le premier que je me suis mise à honorer dans le plus grand des secrets.

## L'entrée dans la saison sombre

« Bal des sorcières », « fête des Pommes », « début de l'hiver », « Samana », « Nuit des ancêtres », « Calangaef », « été de la fin », « Halloween » ou encore « Toussaint »… de nombreuses appellations existent pour désigner ce sabbat si spécial qui ouvre le bal des saisons.

Samhain, Samhain.

---

6. Certains le prononcent « sa-ouine », d'autres comme moi, « sam-aïne ». Mais peu importe comment vous le prononcerez. Prononcez-le comme vous le voudrez, mais prononcez-le. Laissez-vous surprendre par sa vibration unique.

La nuit de Samhain marque la fin et le début de la nouvelle année magique et inaugure l'entrée dans la saison sombre et hivernale. D'ailleurs, en gaélique, *samhuinn* veut dire « extrémité de l'été ».

Les anciens druides célébraient en grande pompe ce moment où l'obscurité prend le pas sur la lumière, marquant ainsi le début de l'hiver.

Samhain célèbre également la troisième moisson. Si lors du sabbat de Lughnasadh on récolte essentiellement des céréales, à Mabon les derniers fruits de l'été, lors de Samhain il s'agit surtout de récoltes liées à notre évolution spirituelle.

## Le plus sacré des sabbats de l'année

Samhain est un passage important qui se fête sept jours durant : trois jours avant le 31 octobre, trois jours après.

Cette semaine particulière est une véritable transition, un passage entre l'avant et l'après, entre hier et demain.

Samhain marque la fin et le début de la nouvelle année magique, ce qui lui vaut l'appellation de « Nouvel An des sorcières » ou encore de « Bal des sorcières ».

C'est aussi lors de ce sabbat que les Celtes vénéraient les Pléiades, une constellation composée de sept étoiles qui atteint son point culminant au Nord le 31 octobre, marquant ainsi officiellement le début de l'hiver.

Durant cette nuit magique, certains sorciers et sorcières se voient recevoir de nouveaux pouvoirs, transmis par leurs ancêtres et par les dieux eux-mêmes. Dans la mythologie celte, ce jour-là, cette nuit-là, le Roi Chêne, la face lumineuse du Dieu, meurt, laissant place à son aspect sombre, le Roi Houx. Dans la Wicca et autres traditions initiatiques, Samhain est un temps sacré pour les rites de passage et les initiations. Le vieux soi est invité à mourir au monde pour laisser place au nouvel initié.

Pour toutes ces raisons, Samhain est le sabbat le plus puissant, le plus sacré et important de la Roue.

### Le pouvoir de l'ombre

C'est lorsque vient l'hiver que nous avons le temps de faire la rencontre de nos ombres pour apprendre à danser avec elles.

L'hiver est le temps de l'expérience de soi. La saison sombre est la saison de la haute spiritualité, des transmissions et des initiations secrètes. La magie a besoin de pudeur et de puissance, elle se déploie et se diffuse dans les interstices, entre les mondes et les saisons comme lors de la nuit de Samhain.

C'est aussi dans l'écrin des longues soirées d'hiver que nous créons nos projets futurs, ceux qui verront le jour dans la matière sous le soleil du printemps et de l'été prochains.

Que ce soit lors de cérémonies spectaculaires ou bien au chaud depuis son canapé douillet, c'est en hiver que l'on s'initie à sa propre magie, à ses mystères intérieurs et aussi que l'on fait face à ses plus grandes peurs.

Le *shadow work*[7] consiste à aller rencontrer ses démons intérieurs afin de les amadouer, et de les intégrer dans l'unité de notre être. Aller regarder ses parts sombres demande une belle dose de courage et beaucoup d'amour de soi.

Cette quête est un véritable engagement envers soi-même souvent guidé par la volonté de se réapproprier son pouvoir, d'embrasser sa puissance. En effet, le mariage intérieur de l'ombre et de la lumière est incroyablement magique, profondément guérisseur.

Pendant longtemps, j'ai confié mon pouvoir personnel à d'autres car je redoutais de plonger dans le royaume de mes propres ombres. Aujourd'hui, je sais que ma force lumineuse provient de cette rencontre avec mes ténèbres et notamment du *shadow work* auquel nous invite la saison sombre.

## La rencontre entre le monde des vivants et le monde des morts

Samhain est aussi un moment de recueillement où l'on prend le temps d'honorer les âmes qui se sont envolées vers l'au-delà.

Lors de la nuit de Samhain, les défunts, les anges, les esprits, les guides et les démons sont de la fête : ils se manifestent dans le monde des vivants car le voile entre les mondes est extrêmement mince.

7. Le *shadow work* est le travail sur nos ombres afin de mettre en lumière les parties enfouies de l'être, que l'on cache ou n'accepte pas, afin de les transmuter et d'y puiser une force authentique.

Au moment de ce sabbat, le passé, le présent et le futur partagent le même espace-temps, c'est pour cela que le monde des morts rencontre cette nuit-là celui des vivants. C'est un temps aussi mystique que magique.

Cette rencontre est aussi métaphorique, car en pénétrant dans la saison sombre nous sommes aussi invités à rencontrer nos ombres, à comprendre que la mort naît de la vie et que la vie naît toujours de la mort.

Aujourd'hui, dans nos sociétés modernes, nous avons tendance à fuir la mort, comme si elle n'avait pas sa place parmi nous. Et c'est pourtant en étant capable de la regarder droit dans les yeux que nous pouvons nous sentir aussi intensément vivants. Les traditions rendant grâce à la mort perdureront dans le temps car elles symbolisent avant tout le cycle de la vie et son éternel recommencement.

**L'AUTRE-MONDE**

Monde intermédiaire, monde sacré jouxtant le nôtre. C'est le monde où résident les dieux. Ses habitants sont immortels et peuvent en sortir et y rentrer quand ils le souhaitent. Les frontières avec l'Autre-Monde sont particulièrement fines pendant la veille des sabbats de Samhain et de Beltane.

## PLEINE LUNE DE SANG

La Pleine Lune de Samhain est appelée « Lune de sang » car c'est à cette époque que jadis on sacrifiait les derniers animaux avant la saison hivernale. Aussi bien pour les salaisons que lorsque les récoltes trop maigres ne suffisaient pas à nourrir le bétail.

Cette lune, tout comme le sang, met en évidence le lien que nous entretenons avec la vie et la mort. Elle symbolise le passage et la renaissance éternelle. Elle nous invite à revenir à notre intériorité, à prendre soin de notre foyer, de notre famille et de notre intérieur.

Elle nous invite à honorer nos lignées tout en se délestant des fardeaux trop lourds pour nos épaules et notre dos. La pleine lune nous offre sa bienveillance pour nous laisser aller au deuil de façon confortable dans l'écrin chaleureux de notre foyer. Elle nous rappelle ainsi que nous ne sommes pas seuls, que le pouvoir de nos ancêtres nous guide.

Cette Lune de sang favorise notre croissance spirituelle.

Appelée aussi « Lune des feuilles », c'est à ce moment-là que les sorcières font sécher les dernières herbes avant le gel de l'hiver.

## ✳ DIVINITÉS ✳

- Hécate, déesse grecque de la Lune, protectrice des sorcières et des magiciens.
- Perséphone, reine des ombres dans la mythologie grecque, épouse du roi Hadès.
- Morrigan, déesse celte de la Mort et des Forces de la Lune.
- Cailleach, sorcière de la mythologie gaélique, déesse de l'Hiver qui règne et fait la loi entre Samhain et Beltane.
- Hadès, dieu grec des Enfers et du Monde souterrain.
- Osiris, dieu égyptien des Morts et de la Résurrection.
- Cernunnos, aussi appelé « le Cornu », dieu gallois incarnant le cycle de la nature. Il est représenté par un cerf perdant ses bois en hiver pour les retrouver au printemps.

### Le Dieu Sombre et la déesse au triple visage

Le Dieu Sombre ou Roi Houx est symboliquement la part obscure du dieu, du principe masculin (le Créateur, le Soleil…). Il commence à embrasser sa toute-puissance au moment du solstice d'été puisque à ce moment précis l'ombre commence à gagner du terrain sur la lumière. Le Dieu Houx règne du mois de juin au mois de décembre où il deviendra, au moment de Yule, le Dieu Chêne ou Roi Chêne.

Ce combat perpétuel symbolise le combat entre l'obscurité et la lumière et a pour fonction de maintenir l'équilibre et l'harmonie sur la Terre et dans les différents mondes.

Quant à la déesse, elle représente le principe créateur féminin, la déesse mère. Elle arbore différents visages ; son triple aspect sacré : la jeune fille, la mère, la sorcière ou femme sage. De nombreuses divinités dans les diverses spiritualités à travers le monde lui sont associées, telles que : Brigid, Yeamnja, Isis, Marie…

L'équilibre entre les divinités masculines et féminines, quelles qu'elles soient, est aussi primordial car il est le garant des cycles de la vie et du Vivant.

## ✳ HISTOIRES ET TRADITIONS ✳

### Halloween

Difficile de ne pas évoquer la fête de Halloween puisqu'elle prend racine dans le sabbat de Samhain. Halloween s'inspire d'une ancienne légende irlandaise dans laquelle un forgeron nommé Old Jack, « le vieux Jack », défie le diable.

Ivrogne, avare et paresseux, le vieux Jack était si mauvais que ni le Ciel ni l'Enfer ne voulait de lui. Il fut donc condamné à errer éternellement dans l'obscurité, tenant à la main un navet évidé en guise de lanterne. Chaque année, Il réapparaît le jour de sa mort, le soir de Halloween.

Autrefois, lors de cette fête, on sculptait des navets ou des betteraves plutôt que des citrouilles.

Les jeunes Irlandais offraient des chants et des prières pour les âmes défuntes et recevaient en échange des *soul cakes*, des « gâteaux d'âme », dont la tradition remonte à l'époque médiévale. Ces gâteaux d'âme avaient aussi vocation à libérer les âmes en les faisant sortir du purgatoire.

Lors de la famine qui toucha l'Irlande et l'Écosse au XIX^e siècle, beaucoup de gens émigrèrent aux États-Unis, y apportant ainsi leurs rites et traditions. Ils firent des feux et des prières, organisèrent des fêtes et des parades masquées auxquelles tout le monde finit par participer.

Halloween vient de l'expression *All hallows eve*, qui littéralement signifie « la veille du jour de tous les saints », et est célébré en Irlande, en Écosse, en Grande-Bretagne, aux États-Unis, au Canada, en Australie, en Nouvelle-Zélande – et en Europe depuis le milieu des années 1980.

Aujourd'hui, les enfants déguisés en monstres ou en personnages effrayants vont de maison en maison en s'exclamant « *Trick or treat!* » (« Un sort ou un bonbon ! ») dans l'espoir de recevoir des sucreries.

En Bretagne, région imprégnée de l'âme celtique, et particulièrement dans le Finistère, jadis on exposait des betteraves dans lesquelles étaient creusés des yeux et une bouche afin de faire peur aux adultes autant qu'aux enfants. En Lorraine aussi, on fête la « nuit des betteraves grimaçantes » lors de Rommelbootzennaat, qui a lieu la veille de la Toussaint.

À notre époque, Samhain et Halloween s'entremêlent, et nombreux sont les païens qui célèbrent les rites anciens avec l'apparence des traditions modernes. Ainsi, après avoir nourri et célébré nos chers défunts par des offrandes et des prières, les enfants se déguisent, jouent à des jeux inspirés par le sabbat ou regardent des films d'horreur en mangeant des bonbons.

## La Toussaint

La Toussaint est la fête catholique honorant les défunts qui a succédé à Samhain.

Comme Noël, Pâques, ou encore la Pentecôte, cette fête n'a pas ses origines dans les textes bibliques, mais dans la Roue de l'année[8] : avant le IXe siècle, elle était célébrée au mois de mai, mais malgré l'influence du catholicisme, ses rites païens n'ont pas disparu des cœurs ni des célébrations. C'est donc depuis le IXe siècle que la Toussaint, « fête de tous les saints », est fêtée le 1er novembre.

On célèbre ce jour-là les âmes qui sont déjà entrées dans le royaume d'Avalon, au paradis. Quant au 2 novembre, on rend hommage aux défunts dont les âmes sont encore dans l'entre-monde, notamment celles des personnes disparues au cours des dernières semaines et des derniers mois.

8. L'Église a bien souvent donné le nom d'un saint aux sabbats pour essayer de faire oublier les anciens rites magiques.

## Fiesta de los muertos

S'il existe un pays où la mort se célèbre en couleurs, c'est bien le Mexique. *El Día de los muertos* (« le Jour des morts ») est plus qu'une commémoration à l'échelle nationale, elle est d'ailleurs inscrite au patrimoine culturel immatériel de l'Unesco depuis 2003. Elle est célébrée le 1er et le 2 novembre. Selon les communautés, elle peut durer plusieurs jours – voire tout le mois de novembre comme c'est le cas dans l'État de Tabasco.

Ces jours de célébration ont lieu dans une grande partie de l'Amérique du Sud et sont le fruit du mélange entre les traditions catholiques et préhispaniques.

Dans les anciennes traditions, la question de la mort est beaucoup moins « morale » que pour les catholiques d'aujourd'hui, la notion de bien ou de mal, d'enfer ou de paradis n'existant pas.

Selon la mythologie aztèque, la direction que prend l'âme après la mort du corps physique est déterminée par les circonstances même de celle-ci. Ainsi, ceux dont la mort est liée à l'élément Eau rejoignent le Tlalocan, paradis du dieu de la Pluie Tlaloc. Ceux dont la mort survient lors de guerres ou de combats, les prisonniers ou encore les femmes qui meurent en couches rejoignent l'Omeyocan, paradis du soleil. Quant à ceux qui quittent le monde de façon naturelle, le chemin est parsemé de différentes étapes et peut durer de longues années au terme desquelles ils rejoignent le Mictlan.

Au Mexique, la mort fait partie de la vie.

Comme pour Samhain, les offrandes symbolisent le renouveau du cycle de la vie car la mort est appréhendée non pas comme une fin, mais comme le début d'un nouveau cycle. On chante, on danse, on fait la fête jour et nuit comme si la mort était un prétexte à célébrer la vie encore plus fort. Les familles nettoient, fleurissent, puis pique-niquent sur les tombes de leurs défunts.

Chaque foyer prépare un autel rituel sur lequel sont déposés des photos des disparus, des objets leur ayant appartenu et des offrandes à foison : des têtes de mort en sucre, le traditionnel *pan de los muertos* (une brioche sucrée symbolisant un crâne et des os), des fruits, du chocolat, les plats préférés du défunt ainsi que des boissons, dont la fameuse tequila ! On y trouve aussi des fleurs de saison, comme l'emblématique cempoalxúchitl, dont la couleur orange flamboyante guide les âmes vers la lumière. On dépose aussi des bougies et de l'encens de copal, ce dernier permet d'établir un lien entre les différents mondes, entre la terre et le ciel, entre le corps et l'esprit.

## Les lumières de Samhain

Dans ce bal de l'entre-monde qu'est Samhain, des citrouilles sculptées, abritant dans leur cœur évidé une bougie, sont là pour monter la garde et repousser les esprits égarés ou malveillants.

Traditionnellement, on orne aussi les fenêtres des habitations avec des bougies afin de guider les âmes errantes sur le chemin de l'immortalité au royaume d'Avalon.

**AVALON**

Aussi surnommée « l'île des pommes », l'île d'Avalon est une île mystérieuse située à l'emplacement de la ville anglaise de Glastonbury. C'est un endroit mythique présenté comme l'Autre-Monde ou l'île des fées où abondent les pommes, fruits de l'immortalité. *Avalon* signifie « pomme » en breton. C'est dans ce paradis celtique que reposent les rois et les héros. C'est là que la fée Morgane aurait conduit le roi Arthur après sa dernière bataille.

Les bougies de Samhain symbolisent le côté lumineux du Cornu[9], qui malgré son absence nous guide tel un phare dans la nuit.

Car lors de ce sabbat, de cette nuit noire, on se prépare à mourir afin de pouvoir renaître.

Traditionnellement, on allumait de grands feux dans les collines pour être guidés au mieux dans cette rencontre avec nos ombres et dans la réalisation de rituels sacrés. On allumait aussi un feu à l'intérieur du foyer afin d'en purifier l'espace. Il était aussi coutume de se rassembler autour d'un feu qu'on éteignait pour signifier la saison sombre, et qu'on rallumait afin de célébrer le renouveau, la nouvelle année. C'est aussi le cas lors de Yule, le sabbat suivant.

9. Représentant du principe masculin fertile pour les Celtes.

Un vestige de ces coutumes persiste : certaines personnes allument encore des bougies sur le rebord de leurs fenêtres afin de guider les esprits vers la Lumière. On peut aussi ajouter un couvert supplémentaire à notre table et déposer un peu de nourriture en offrande aux esprits et à la Terre. Cela éviterait les présences indésirables à l'intérieur de la maison.

### Snap Apple

Pour les Celtes, la pomme est le fruit de la magie et de la connaissance. Elle symbolise l'immortalité. Le pommier est donc devenu l'arbre de l'Autre-Monde.

La pomme sous toutes ses formes ainsi que les noix récoltées au moment de l'équinoxe d'automne (la pomme est aussi un symbole de Mabon) et le chou kale sont des aliments très présents sur les tables et dans les activités liées à Samhain (qui est d'ailleurs surnommée la « fête des Pommes »), comme le « Snap Apple ».

Cette pratique provient des anciennes traditions druidiques et consiste à attacher une pomme à une ficelle, puis à la suspendre au plafond ou à une poutre. Chaque joueur lance sa pomme en espérant faire reculer celle des autres à l'aide de ses dents. Le vainqueur se marierait dans l'année.

## ✳ ACTIVITÉS ✳

- Allumer des bougies et/ou un feu sacré.
- Célébrer nos ancêtres.
- Faire et boire du vin de pomme épicé en l'honneur des ancêtres.
- Boire du *pumpkin spice latte* (voir « Recette magique : le *pumpkin spice latte* », p. 45).
- Mettre au moins un couvert supplémentaire à table ou laisser un plat de nourriture à l'extérieur pour les défunts, les esprits et les fées.
- Fabriquer des lanternes en citrouille avec à l'intérieur une bougie consacrée aux esprits.
- Se relier au Dieu Sombre et à la Déesse et méditer sur ce qu'ils ont à nous enseigner.
- Enterrer des pommes dans le jardin pour la Terre et les esprits.
- Pratiquer la divination : tirage de tarot, oracle, runes, Yi King…

## Recette magique : le *pumpkin spice latte* (avec ou sans café)

*Ingrédients pour 1 personne :*

- 1 potimarron ou 1 autre courge de votre choix ;
- 1 cuillère à café d'épices (cannelle, gingembre, clou de girofle, noix de muscade, badiane) et 1 pincée de poivre noir moulu. Un mélange d'épices chaï ou pour pain d'épice fonctionne très bien aussi ;
- 1 ou 2 cuillères à soupe de sirop d'érable ;
- du lait d'avoine, d'épeautre ou autre lait végétal ;
- 1 expresso (facultatif).

*Préparation :*

- Lavez et brossez le potimarron (la peau se mange), puis coupez-le en dés.
- Versez dessus le sirop d'érable, saupoudrez d'épices et mélangez bien.
- Déposez le tout sur une plaque de cuisson recouverte de papier sulfurisé et laissez cuire trente à quarante minutes à 180 °C.
- Une fois que les dés de potimarron sont bien tendres, laissez-les refroidir, puis passez-les au mixeur. Ajoutez si besoin un peu d'eau ou de lait végétal pour obtenir une texture plus lisse. La purée est prête ! Vous pourrez conserver le reste de purée au frais dans un bocal en verre

ou un pot de confiture pendant deux ou trois jours afin de vous délecter de cette boisson automnale en un rien de temps.

- À présent, faites chauffer le lait, émulsionnez-le et versez-le dans la tasse. Ajoutez épices et sirop d'érable selon vos goûts. Si comme moi vous n'êtes pas équipé d'un émulsionneur de lait, vous pouvez directement mixer la purée avec du lait chaud, les épices et le sirop d'érable. Le fait de mixer le tout permet d'émulsionner le lait.

- Dans la tasse, mettez une belle cuillère à soupe de purée de potimarron (les amateurs de café peuvent rajouter un expresso, voire un double expresso pour une boisson plus corsée).

Tadam ! Votre *pumpkin spice latte* est prêt !

Pour encore plus de magie, avant de le déguster, pensez à bien mélanger le breuvage et à tracer un pentacle[10] avec une cuillère afin d'ancrer votre intention du jour, par exemple : « Ma journée m'apporte réjouissance et satisfaction », « Je suis serein et en paix » « J'attire à moi le meilleur », « Je reçois les messages de mes guides et mes lignées ».

Laissez vos besoins et votre imagination vous guider et ensuite régalez-vous !

10. Le pentagramme est une étoile à cinq branches dont le haut représente l'Esprit et les quatre autres branches les quatre éléments. C'est un symbole puissant de protection très utilisé en magie. Le pentacle est un pentagramme inscrit dans un cercle.

## ⛤ RITUEL ⛤
### Libération et guérison

Afin d'accueillir le renouveau, et d'honorer les énergies de Samhain, nous devons d'abord faire de l'espace pour libérer ce qui demande à l'être.

Pour ce rituel, prenons :

- 1 feuille blanche ;
- 1 stylo ;
- 1 bougie noire, orange ou blanche ;
- 1 belle pomme rouge ;
- 1 couteau ;
- 1 ruban noir.

Pour commencer, prenons quelques instants pour faire le calme à l'intérieur de nous en faisant quelques respirations conscientes ou une courte méditation.

Nous pouvons aussi écouter une musique que nous aimons, faire brûler de l'encens de patchouli, de cyprès ou des plantes comme de la sauge, de la menthe ou du romarin ou toute autre plante qui nous inspire.

Quand nous sommes prêt, allumons la bougie et prenons un temps pour réfléchir à ce que nous voulons voir disparaître dans notre vie.

Découpons notre feuille en plusieurs morceaux et notons sur chacun d'eux les choses que nous souhaitons voir disparaître. Nous pouvons en écrire autant que nous le souhaitons…

Ensuite, sélectionnons celle qui nous semble être la plus importante à éliminer de notre vie dans l'instant présent. Plions le papier en quatre.

Prenons la pomme et coupons-la en deux dans le sens horizontal afin de voir apparaître le symbole magique que forment son cœur et ses pépins : le pentacle.

Plaçons notre papier au centre de la pomme et refermons-la bien à l'aide du ruban.

Prononçons à voix haute :

*Pomme d'Avalon, fruit de guérison,*
*que ma croyance périsse*
*au fur et à mesure que tu pourris,*
*que disparaissent mes maux*
*quand tu n'auras plus ni chair ni peau.*

Le jour de Samhain et si possible avant minuit, enterrons notre pomme dans la terre (dans notre jardin ou dans un parc) pour que le charme agisse.

Brûlons les petits papiers restants, un à un, à l'aide de la bougie.

Regardons-les disparaître sous les flammes, puis remercions l'esprit du feu pour cette purification.

Une fois le rituel terminé, éteignons la bougie à l'aide d'un éteignoir ou de nos doigts humides afin d'éviter de souffler directement sur la flamme.

## ✳ INCANTATION POÉTIQUE ✳

*En cette nuit de Samhain,*
*le voile entre les mondes est le plus fin.*
*Honorons le passé et ceux qui nous ont précédés,*
*étanchons leur soif et leur faim.*
*Je remercie mes ancêtres pour leur legs,*
*je rends les fardeaux qui ne sont pas miens.*
*Main dans la main, à la lueur des bougies,*
*célébrons ensemble la nuit et son lendemain*
*pour que la magie opère et*
*que le renouveau fasse place à l'ancien.*
*Je remercie l'Univers, la nature*
*et honore le Grand Mystère.*

## MA CÉLÉBRATION
### « Mon rituel de la poupée des ancêtres », par Øna

« D'aussi loin que je me souvienne, j'ai toujours célébré Samhain. Ma grand-mère maternelle avait pour habitude de m'intégrer dans ses célébrations familiales, celles de nos morts. De bénir et rendre grâce pour le don de leur vie, leur héritage, de les honorer pour la traversée de cette rivière qu'est la vie.

Fleurs, prières, purifications, bougies, nous regardions les anciennes photos dentelées afin d'appuyer ses récits et de nommer toutes ces personnes étrangères pour moi – les ascendants.

Cela nous amenait à célébrer la vie. Il n'était pas question d'observer avec mélancolie le temps d'avant, mais bien de chérir ce qui était là dans l'instant et qui ne serait plus demain.

Le rituel que je souhaite partager avec vous est un puissant tissage : la poupée des ancêtres.

Le soir venu, à la nuit tombée, allumez une bougie violette, le voile est si fin entre le monde des morts et des vivants, elle ouvre la porte et protège nos familles.

Déposez une intention de lumière pour vos ancêtres – élévation de leur âme, guérison des tourments, souhait d'une nouvelle incarnation bénie pour eux… Cela peut être une intention ciblée pour une seule personne, notamment si vous vivez un deuil cette année, ou pour l'ensemble de vos disparus.

Pour réaliser votre poupée, vous aurez besoin de ciseaux, de tissus pour rembourrer (laine, ficelle, ouate…), de boutons, de pierres, de grigris, de photos, de souvenirs…

Installez-vous au sol, proche de la Terre Mère, mettez une musique douce, des bougies et une lumière tamisée.

Demandez à voix haute :

*Que ce rituel soit fait*
*pour le plus grand bien divin.*

Vous pouvez avant tout créer la forme de la poupée, chiffon, des bras ou non, à vous de voir. Cet instant créatif est magique pour créer un lien harmonieux et vous détacher des mémoires qui alourdissent votre existence.

Ensuite, vous prendrez un bout de ficelle pour chaque personne, à nouer, coudre, tresser. Il est aussi possible d'imaginer un seul tissage pour toutes ces âmes. Le principal est de tisser symboliquement ce lien qui vous unit dans l'invisible.

Répétez cette opération autant de fois que nécessaire.

À la fin de votre rituel, trois choix s'offrent à vous :

- brûler la poupée, la remettre à grand-père feu, que son pouvoir de transmutation opère ;
- couper les fils tissés, en d'autres termes rompre le lien, vous libérer de la charge qui vous incombe ;
- conserver la poupée sur votre autel, par exemple, parce qu'elle vous plaît, vous procure de la joie et de l'harmonie.

La décision du sort de votre poupée n'appartient qu'à vous.

Pour clôturer le rituel, dites à haute voix ou dans votre tête :

*Que mes liens soient guéris,*
*que ma lignée soit libérée.*

# YULE

21 décembre

## SOLSTICE D'HIVER

*« Tu n'y verras clair qu'en regardant en toi.*
*Qui regarde à l'extérieur rêve.*
*Qui regarde en lui-même s'éveille. »*

Carl Jung

**Énergies :** intériorité, yin, régénération, obscurité, solstice d'hiver

**Arbres :** épicéa, bouleau, chêne

**Plantes :** gui, houx, écorces d'agrumes

**Encens :** genévrier, vétiver, cèdre

**Cristaux :** œil-de-tigre, rubis, grenat

**Couleurs :** rouge, vert, or, blanc, argent

**Rituels :** paix, guérison, purification, espoir

## Explorer notre magie intérieure

Nous voilà seulement quelques semaines après l'entrée dans la saison sombre et son invitation à la découverte de l'héritage de nos ancêtres et du royaume de nos ombres. Avec le sabbat de Yule, nous allons explorer encore un peu plus en profondeur notre cheminement spirituel et notre magie intérieure. Nous célébrerons le solstice d'hiver et le retour de la lumière.

Pour beaucoup de personnes, la période de Noël et des fêtes de fin d'année est synonyme de joie, de réjouissances autour de la table, de feux de cheminée ou de vitrines enchantées, mais pour certains d'entre nous, c'est une période délicate. Le manque de luminosité, le froid et les petits maux saisonniers qui l'accompagnent pèsent sur notre moral, mettant parfois à mal la magie de Noël. Rappelons-nous aussi qu'à notre époque, dans nos pays « riches et développés » des gens meurent encore de solitude et de froid sous nos fenêtres illuminées.

Malgré cette dure réalité, la période du solstice d'hiver est une période où la magie est partout : dans les rues, les cœurs, les illuminations, les chants, la cuisine, les odeurs, les rituels…

Période de spleen ou invitation à observer et à mettre de la magie dans sa vie ? En effet, si nous n'avons pas le pouvoir de changer certains faits, nous avons la capacité de vivre différemment nos réalités. Et si on essayait de se raconter que la vie peut être simple et joyeuse, qu'on mérite le meilleur et surtout d'être heureux ?

L'hiver est une période où remontent les souvenirs et les émotions, pas toujours les plus agréables. Accepter de les ressentir, c'est accepter de les libérer, et donc de guérir. Moins on résiste, plus on se met à danser avec l'énergie des saisons et des fêtes de fin d'année et plus la magie apparaît.

Les multiples décorations féeriques, les guirlandes ornant les vitrines et les rues, les odeurs chaudes et réconfortantes des épices et du vin chaud... sont autant d'invitations à retrouver notre âme d'enfant.

## La saison de la magie

Je crois que les pouvoirs que nous envions aux plus puissantes des sorcières nous ayant précédés résident dans cette capacité à se regarder avec vérité. Cette capacité à se renouveler, à se transformer et à créer la réalité que nous voulons créer. La sorcière est avant tout cette femme libre qui continue à regarder en avant, à être en mouvement, à suivre le *flow*. Vivante et vibrante, le cœur au diapason avec le souffle de l'Univers, elle se révèle au fur et à mesure qu'elle partage son propre chemin de guérison, sa puissance intérieure. C'est celle qui accepte aussi de vivre selon des rythmes différents, toujours fidèles aux siens.

« J'accepte la grande aventure d'être moi », disait Simone de Beauvoir. Acceptons que nous sommes cycliques comme l'est la Lune et que nos émotions sont des messagères éphémères.

## Un temps de repos fertile

L'hiver est un moment propice pour ralentir et se rapprocher du rythme de la terre. La nature se dénude et se dépouille, l'air devient plus pur et cristallin. La terre, comme certains animaux, s'autorise un long repos.

C'est une invitation à s'imprégner du silence si particulier qui règne dans les plaines et les campagnes et sur les trottoirs des villes désertées à la nuit tombée.

Un temps pour venir s'initier à notre silence intérieur.

L'hiver n'est pas le temps de l'action, c'est un temps d'introspection, de transformation, de douce guérison.

On a tendance à vouloir être actif toute l'année, à vouloir déployer une énergie égale à chaque saison. Pourtant, l'essence même du Vivant est caractérisée par des périodes d'alternance, des temps de repos et d'action, du jour et de la nuit.

L'hiver est un temps de repos actif car il nous permet d'aller à la rencontre de nos ressources intérieures, celles-là même dont nous avons besoin pour construire notre vie, pour danser nos rêves.

Pour trouver nos talents et nos dons, nous avons parfois à traverser notre nuit intérieure, avant de pouvoir renaître et de les partager avec le monde.

## De l'obscurité naît la lumière

Les sabbats et le cycle de la vie nous rappellent que l'existence est faite de mouvements et de transformations perpétuels. Ce grand cycle de transformations a lieu autant à l'extérieur qu'à l'intérieur de nous. Nous sommes des êtres cycliques – surtout les femmes. Certaines de nos transformations sont visibles avec les yeux, d'autres le sont davantage avec le cœur.

La magie pour moi réside aussi dans le fait de cultiver une foi et une confiance absolues dans la puissance de nos transformations silencieuses.

## Notre hiver intérieur

Cette découverte passe aussi par la rencontre de notre hiver intérieur, royaume de l'inconscient et de la profonde féminité.

C'est aussi dans nos moments d'inconfort et de doute qu'au milieu de la nuit réapparaît la lumière.

De cette nuit noire non seulement nous ressortirons, mais nous en ressortirons grandi, éveillé, réveillé et guéri. Ce n'est pas pour rien que l'hiver est la période de la magie, des traditions secrètes, et des initiations spirituelles. Une occasion de se connecter à notre inconscient et à nos plus puissants pouvoirs intérieurs, de rencontrer nos parts cachées.

On a le choix soit de le subir et d'attendre que cela passe, soit de s'abandonner à la voie initiatique du Soi[11] en allant

11. Selon Jung, le Soi est l'ensemble du conscient et de l'inconscient (personnel et collectif), parfois considéré comme étant l'âme elle-même.

à la rencontre de nos propres ombres et de notre profonde féminité. N'oublions pas que la lumière naît toujours de la profonde obscurité. Ainsi, le soleil émerge des profondeurs de la nuit. Nous célébrons la lumière en pleine pénombre, le premier jour de l'hiver, jour du solstice et du sabbat de Yule.

## Notre guidance intérieure

Mon cheminement personnel et spirituel me pousse de plus en plus à affirmer ma vérité, à être plus authentique. Cheminer avec la Roue de l'année m'invite à faire de régulières introspections, à faire tomber peu à peu les masques de mes illusions. Et à toucher un peu plus ma vérité en étant dans une écoute profonde de ce qui est et de ce qui n'est plus.

Pour moi, Yule parle aussi de cela, ce sabbat nous invite à être dans une écoute profonde, à goûter au silence et à l'immobilité. À écouter les réponses. Toutes les réponses à nos questions se trouvent en nous, bien souvent on le sait, on le sent, mais sommes-nous capable de les écouter ? Avons-nous vraiment le courage de suivre les messages de notre guidance intérieure ?

Entendre d'abord, puis accepter et respecter nos propres vérités ainsi que celles des autres car chaque vérité est sacrée.

La sorcière dans mon cœur me rappelle souvent cela. Elle me chuchote les vérités que j'ai parfois encore du mal à voir, à entendre. Elle m'invite à m'observer avec bienveillance et humilité, à observer ce qui est fluide et ce qui l'est moins à l'intérieur de moi.

L'extérieur est le reflet de l'intérieur.

Telle une invitation à marquer un temps d'arrêt afin de mettre de la conscience sur nos fonctionnements, nos objectifs, nos habitudes, nos positionnements et nos choix.

Le temps de l'hiver est un moment où la course du temps semble quelque peu ralentir, où on peut enfin prendre le temps de prendre le temps.

L'hiver est un moment propice à la rencontre du Soi.

Plus d'écoute, moins de doutes, plus d'authenticité, moins de superficialité. Autant de pistes pour révéler et faire briller sa lumière intérieure.

## Une invitation à rencontrer son Soi

Dans nos sociétés modernes et occidentales, l'hiver est plutôt synonyme de soirée au coin de feu, de plaid douillet, de matcha ou chaï latte, de bougies parfumées qui sentent bon le cèdre, l'orange ou le cédrat.

On profite des soirées froides ou des après-midi pluvieux pour se prélasser sur le canapé avec un bon livre, écouter sa playlist préférée ou encore lancer une nouvelle série. On en oublie parfois que l'un des plus grands petits bonheurs de l'hiver, c'est le calme.

Cette impression de silence. Une invitation tout en douceur à l'introspection, au retour à soi. Naturellement, on a envie de se retirer loin de l'agitation pour se plonger au cœur de son intimité. Et surtout de respecter son rythme intérieur, les besoins de notre corps et de notre âme.

Le bon moment peut-être aussi d'essayer de faire quelque chose qu'on ne fait presque jamais : ne rien faire. Pas de livres, pas de séries, pas de méditation. Rien.

Revenir à l'intérieur et écouter son cœur battre. Les Amérindiennes rentraient tous les mois au moment de leurs lunes (début du cycle menstruel) en tiyoweh, afin de contacter cet espace intérieur. Cet espace de flou, de rien à partir duquel on reçoit les messages de son âme et des visions importantes pour soi, mais aussi pour le collectif. Faire l'expérience de l'immobilité-silence quelques minutes ou quelques heures est une véritable expérience que je vous invite à essayer. Vous serez surpris par la clarté et la sérénité qui en ressortent.

**TIYOWEH**

*Tiyoweh* veut dire « entrer dans le silence ou l'immobilité, la tranquillité » en langue cherokee. C'est un temps de silence dans lequel on entre et qui nous permet d'accéder à notre profonde féminité, à notre intuition profonde. Ainsi que de recevoir des visions pendant le temps des lunes ou à tout autre moment.

Le tiyoweh est un temps sacré hors du temps, une façon de contacter notre matrice, notre utérus, qui contient toutes les mémoires de la vie sur Terre.

## Plonger dans le yin

L'hiver est associé au principe féminin, au yin. La Terre Mère est la source de toute étincelle de vie. En Europe du Nord, le solstice est ainsi dénommé la « Nuit de la mère ».

C'est cette nuit-là, au cœur des ténèbres, que la déesse norvégienne de l'Hiver, Frigg, donne naissance au Soleil. Pour les Celtes, la mère est aussi connue sous le nom de Cailleach, une sorcière divine qui fait loi entre Samhain et Beltane. Pour les Scandinaves, la déesse Skadi est à l'honneur, on dit qu'elle serait capable de contrôler le temps et que c'est elle qui donne leur tempo aux longues soirées d'hiver.

Autrefois, on craignait l'hiver par peur de ne pas y survivre. Aujourd'hui, cette peur est davantage psychique. Il est vrai que la saison hivernale peut être synonyme de coups de froid au corps comme à l'âme.

Allons-nous survivre à nos propres ténèbres ? Nous laisserons-nous engloutir par la dépression hivernale ? Ou au contraire, allons-nous renaître à nous-même ?

Le solstice nous invite à réunir nos polarités, mais aussi nos parts éclatées et morcelées afin de prendre soin de nous, de notre feu intérieur, cette flamme de vie dont dépend notre énergie et dont le rôle est de guider nos pas.

Ma reconnexion aux cycles et aux sabbats me permet d'apprécier chaque couleur, chaque saveur et d'ainsi redonner de la valeur à chacune des étapes du chemin.

### Faire le point

L'hiver nous offre aussi l'occasion d'un renouveau. Le solstice est une mort symbolique avant une renaissance. Un nouveau départ nécessitant un temps de recul sur ce qui doit mourir, se terminer ou être laissé de côté.

La lumière est le grand symbole de la conscience, celle que l'on met sur soi, sur les autres et sur le monde qui nous entoure.

L'hiver est le temps où l'inconscient remonte à la conscience, c'est un temps de recul et l'intégration nécessaire au renouveau. C'est un temps de bilan avant d'écrire la prochaine page de notre histoire. Un moment pour recontacter nos profondeurs avant d'établir des objectifs pour les semaines et mois à venir.

C'est lorsque la terre semble inerte et glacée que le terreau qui accueillera les futures graines est en train de prendre forme. Et de ces graines invisibles naîtront les plus belles fleurs, les plus beaux arbres et fruits.

La Roue de l'année est rythmée par l'équilibre ténu entre la lumière et les ténèbres ; rappelons-nous que les anciens païens dépendaient de l'agriculture, et donc de la fertilité de la terre et des bonnes grâces du dieu Soleil. Pour les Celtes, Yule correspond au moment où le Roi Chêne, la partie lumineuse du dieu symbolisant la lumière, gagne la bataille contre le Roi Houx, symbole d'obscurité (voir dans le chapitre sur Samhain « Le Dieu Sombre et la déesse au triple visage », p. 36).

Les rôles s'inverseront lors du solstice d'été alors même que le soleil sera à l'apogée de son rayonnement. Cette danse sacrée entre les forces de la lumière et les forces des ténèbres est gardienne du cycle de la vie.

**L'ÉLÉMENT TERRE**

Yule est profondément connecté à l'élément Terre.
Pour beaucoup de peuples, la Terre est une guérisseuse sacrée et une nourricière abondante. Elle est la gardienne de la famille et du foyer. Elle incarne la manifestation physique de l'esprit divin. Les roches, les métaux, le sable, les minéraux émergent du magma en fusion du ventre de la Terre. Ils se brisent en sédiments et poussières avant de retourner d'où ils viennent, en son cœur. Ainsi, la Terre est l'élément du commencement et de la fin.
On peut se reconnecter à son énergie en enlevant ses chaussures pour être directement à son contact.

## PLEINE LUNE DU CHÊNE

Aussi appelée « Lune du chêne », « Lune froide » ou « Lune des longues nuits », cette lune fait référence à la bûche de Yule, que l'on fait brûler dans la cheminée le soir du solstice.

Cette pleine lune inonde nos ombres de sa lumière. Alors que les animaux, la Terre Mère et les végétaux s'abandonnent à leur repos saisonnier, nous sommes invité à trouver par nous-même les clés de notre profonde guérison. La Pleine Lune du chêne nous aide à nous connaître et à nous reconnaître, à prendre soin de notre corps, et de notre être.

Le chêne symbolise le courage, la force, la résistance et la guérison.

Le feu, qu'il soit sous forme de flammes, de renaissance spirituelle ou reflété par le Soleil dans l'astre lunaire, est central. Il représente notre feu intérieur et la façon dont nous l'alimentons ainsi que notre façon de tisser des liens avec notre entourage.

Cette lune pleine nous invite à honorer la fin d'un cycle, à laisser aller nos habitudes qui ne sont plus en adéquation avec notre nature profonde.

Elle nous invite à guérir afin de renaître à l'essentiel.

## ✳ HISTOIRES ET TRADITIONS ✳

### Le retour de la lumière

Qu'il s'agisse d'un astre, d'un dieu ou d'un messie, nombreuses sont les traditions à travers le monde qui fêtent la naissance de la lumière en fin d'année, rappelant ainsi que le soleil, la lumière et le feu sont de précieuses sources de chaleur et de vie. Partout, le solstice est une fête de joie où règne le plaisir d'être ensemble.

Le mot *solstice* signifie « soleil immobile », et son observation est très ancienne. Les anciens Romains nommaient la période de Yule *Dies natis solis invictis*, « Jour du Soleil invaincu ». Ils fêtaient alors la victoire de Mithras, un dieu solaire. Les chrétiens, quant à eux, fêtent la naissance du fils, le Christ, celui qui apporte sa lumière au monde.

Le jour ou la veille du solstice d'hiver, on fête donc le retour de la lumière car c'est à partir de la nuit la plus longue de l'année que les jours commencent peu à peu à rallonger. Dans de nombreuses traditions, durant cette période on se retrouve en famille ou entre amis pour festoyer et célébrer le retour de la lumière, l'espoir et l'abondance.

Le solstice d'hiver est célébré par de nombreuses traditions un peu partout sur la planète : Noël, Hanoukka, Yalda, Tôji, Diwali… ; en Égypte, on célèbre le retour du dieu Soleil Râ.

## La couronne de l'Avent

Une des traditions incontournables de Yule, reprise par le christianisme mais qui lui est bien, bien, antérieure, est la confection de la couronne de l'Avent.

« Avent » vient du latin chrétien *adventus* qui signifie « arrivée, avènement ». Le temps de l'Avent désigne les quatre semaines pendant lesquelles on s'adonne à la magie en préparant Noël ou Yule, ou les deux – pourquoi nous faudrait-il choisir ?

S'il est difficile de dater précisément l'origine exacte de ces traditions, ce qui est sûr, c'est qu'elles remontent aux temps où les hommes honoraient les étoiles, avaient pour boussole la Lune et le Soleil et surtout un énorme respect, un amour pour le Vivant dont ils ne manquaient pas de vénérer, par superstition ou dévotion, les Grands Mystères.

La couronne de l'Avent, d'avant la renaissance du Soleil, s'inscrit dans les traditionnels préparatifs de la fête du solstice. Traditionnellement, elle est composée de branches de pin, d'if, de laurier, de houx en l'honneur du dieu mi-chêne mi-houx, etc. ; en somme, d'arbres qui restent verts, symbole d'éternité au cœur de l'hiver.

Le principe est de déposer sur la couronne[12] des sources de lumière, le plus souvent des bougies (mais ça peut être de simples leds, il n'y a pas vraiment de règle) au nombre de quatre. Faites selon vos ressentis et vos envies.

La forme circulaire de la couronne représente la Roue de la vie et le cycle des saisons. Chaque dimanche (jour du soleil, *sunday*) jusqu'à Yule, on allumera une bougie. Chaque bougie représente un point cardinal, un élément et une saison, et symbolise le parcours du Soleil et sa renaissance perpétuelle au fil des saisons. On commence à l'Est en allumant la bougie représentant l'Air et le printemps. La semaine suivante, on allume la seconde placée au Sud, symbole du Feu et de l'été. La troisième se trouve à l'Ouest, symbole de l'automne et de

12. On peut aussi placer les bougies sur une surface ronde, comme une assiette, pour faire ce rituel. Les accessoires ne sont, ni plus ni moins, que des accessoires, ils ne remplacent jamais l'intention du cœur, qui selon moi prime dans toute pratique magique et spirituelle.

l'élément Eau. Et enfin la quatrième, au Nord, représente l'hiver, et la Terre. On l'allume le jour du sabbat.

## La légende de Yule

Un soir, le soleil avait prévenu la forêt qu'il devait s'absenter mais qu'il serait rapidement de retour.

Lorsque le vent glacé, la neige et le gel firent leur apparition, beaucoup d'arbres se trouvèrent cependant découragés. Ils laissèrent alors tomber leurs feuilles de désespoir.

Mais en haut de la colline, le sapin, le houx et le pin pouvaient encore apercevoir l'astre solaire et ainsi garder foi en sa lumière.

Le Soleil décida donc de les récompenser en leur laissant leurs aiguilles et leurs feuilles toute l'année, contrairement aux autres arbres qui les perdraient l'automne venu.

## L'arbre de Yule

L'arbre et la bûche de Noël tirent leur origine de la culture païenne : lors de la célébration du solstice d'hiver, on allait choisir un arbre dans la forêt, un épicéa, symbole de vie et d'enfantement, que l'on décorait avec des rubans, des pommes de pin, des fleurs et des fruits ou encore des chandelles. On pouvait également y accrocher des vœux. Une étoile de paille était placée au sommet de l'arbre, symbolisant l'étoile Polaire, boussole sacrée pour retrouver son chemin dans l'obscurité.

Cela ne vous rappelle rien ? À la différence près qu'aujourd'hui le sapin a remplacé l'épicéa et qu'on coupe l'arbre pour le mettre à l'intérieur de nos maisons.

Cet arbre de vie, arbre sacré ou encore arbre du renouveau rendait grâce au retour du soleil, à la joie et à la renaissance. Il symbolise la vie et son renouveau.

Cette coutume était si présente dans les campagnes que l'Église a décidé de l'intégrer à la célébration de la naissance du Christ.

### La bûche de Yule

Pas de sabbat de Yule sans la fameuse bûche, soleil noir de la nuit la plus longue de l'année.

Si aujourd'hui on la trouve plutôt dans notre assiette, la bûche a elle aussi des origines païennes.

En effet, la tradition veut que la veille du solstice, on ramasse une bûche en chêne dans le lieu où l'on vit, qu'on la découpe avec soin et la décore de végétation. Elle est ensuite ornée de symboles magiques, de petits mots, puis de whisky, de bière, d'hydromel ou encore d'huiles de conifères.

Personnellement, l'année dernière, j'y ai mis du pastis parce que je vivais en Provence et que cela m'est apparu comme une évidence.

Sa confection et la façon dont elle s'embrase dans la cheminée suivent un rituel séculaire bien précis : la bûche de Yule doit être allumée avec des restes de cendres de celle de l'année passée, dans une pièce sans lumière afin de s'extasier davantage devant le spectacle de la magie du feu auquel il est toujours bienvenu de faire des offrandes car il s'agit d'un feu sacré.

La fumée qui s'en dégage représente les souhaits qui grâce à l'épaisse fumée rejoignent leurs destinataires : guides, divinités, astres, êtres lumineux. À chacun ses croyances.

Pour tous, la bûche symbolise la transformation du froid de l'hiver en chaleur et en lumière. La partie enflammée représente la phase croissante du Soleil, c'est-à-dire la période entre le solstice d'hiver et le solstice d'été.

En famille ou entre amis, on la regarde brûler jusqu'au petit matin en se racontant des histoires au coin du feu. Une façon aussi de perpétuer la tradition orale et la magie des campagnes.

Mais malheur à celui qui coupe la bûche de Yule sur un arbre vif, car comme lors de chacune des fêtes sacrées, on honore la nature en la respectant, en lui rendant grâce et en intégrant que nous en faisons partie.

### Les saturnales

Le festival romain Saturnalia est lui aussi relié aux figures divines de l'hiver. Les saturnales débutaient quelques jours avant le solstice, et se déroulaient généralement entre le 17 et le 23 décembre. Elles avaient pour culte la célébration du dieu agraire Saturne, maître du Capricorne, dont la saison en astrologie commence avec le solstice.

Selon la mythologie, Saturne, qui avait tenté d'avaler ses fils pour éviter d'être détrôné, fut exilé par l'un d'entre eux, Jupiter. Il trouva refuge en Italie, où il fit régner une telle prospérité qu'il fut ensuite associé par les Romains à l'âge d'or, qu'ils célèbrent désormais chaque année lors des fameuses saturnales.

C'était une période de fêtes et de réjouissances où se pratiquait le potlatch, une ancienne tradition qui s'appuie sur le principe de don/contre-don, le fait d'offrir et de recevoir lors d'un partage rituel et hautement symbolique. À l'époque des saturnales, on s'offrait déjà des cadeaux, notamment des figurines en terre cuite.

### Diwali

Diwali ou Deepavali est la fête hindoue la plus gaie et la plus célébrée par les communautés à travers le monde. Près d'un milliard d'hindous célèbrent à la fin du mois d'octobre le retour du dieu Rāmā dans sa capitale, Ayodhya.

Ces célébrations nationales en Inde sont étroitement liées à la fête Dussehra, qui correspond à la victoire de Rāmā sur le démon Ravana, symbolisant la victoire de la lumière sur les ténèbres. Afin de guider au mieux Rāmā sur le chemin de la lumière, des milliers de petites lampes à huile, des *diyas*, illuminent les rues et les maisons.

Comme Yule, Diwali célèbre la lumière, cette fête est elle aussi un passage car dans le nord de l'Inde c'est à ce moment-là que l'on fête la nouvelle année. Pour cela, on nettoie et repeint les maisons, on orne les rues de guirlandes colorées, on dépose des bougies partout, on suspend des lanternes en forme de lotus au-dessus des portes.

Et comme pour Yule, on s'offre cadeaux et friandises. Diwali est aussi l'occasion de jouer à la loterie et de porter de nouveaux vêtements pour accueillir Lakshmi, la déesse de la Richesse et de la Prospérité. Il est aussi coutume de faire exploser des pétards et des feux d'artifice spectaculaires et de former des dessins géométriques sur le sol afin de conjurer le sort et d'éloigner les mauvais esprits.

### Hanoukka

La tradition juive rend hommage à la lumière avec Hanoukka, célébrée entre fin novembre et fin décembre selon le calendrier juif fondé sur le cycle lunaire ; tous les trois ans, un mois supplémentaire est ajouté au printemps, afin de respecter le rythme des saisons.

L'origine de Hanoukka remonte à environ cent cinquante ans avant notre ère, lorsque la culture hellénique voulut supplanter la tradition juive en imposant ses propres rites. Alors, l'armée des Maccabées se révolta et reconquit Jérusalem. Le mot *hanoukka*, qui signifie « inauguration », désigne la nouvelle inauguration du Temple de Jérusalem reconquis.

À l'intérieur du Temple se trouvait un petit flacon d'huile. L'armée des Maccabées s'en servit pour rallumer le chandelier à sept branches, la menora, supposé brûler en permanence.

C'est alors que le miracle eut lieu : l'huile de la fiole, malgré sa très petite contenance, permit au candélabre de brûler non pas une seule journée, mais huit jours durant. Huit jours pendant lesquels on allume chaque soir une nouvelle lumière.

Hanoukka, appelée « fête des Lumières », dure huit jours pour commémorer ce miracle, et l'allumage quotidien des bougies en est le rituel phare ; chaque soir, on allume une bougie supplémentaire : une le premier soir, deux le deuxième, etc.

### Tôji

Au Japon, Yule est appelé *Tôji*.

Le solstice d'hiver au Japon symbolise l'harmonie et l'équilibre de la force vitale. Le yin correspond à la Lune, à la saison hivernale, à l'obscurité, et règne sur le jour le plus court de l'année. Une fois ce jour passé, le yang, symbole du soleil, de chaleur et de lumière, reprend vigueur, les jours commencent à rallonger, annonçant bientôt le retour du printemps.

Au Japon, il est de coutume d'ajouter du yuzu à son bain, sorte de citron japonais au parfum aussi délicat que puissant, connu pour ses propriétés nettoyantes, cicatrisantes et antiseptiques. En déposer quelques tranches dans son bain permet autant d'éviter les maux hivernaux que de purifier son corps et de chasser les mauvais esprits. À cette période, les Japonais se prélassent dans des sources naturellement chaudes et fumantes, les *onsen*, afin de ressourcer leur corps et leur esprit.

### Shab-e Yalda

En Iran, durant la nuit de Yalda, un feu et/ou les lumières restent allumés toute la nuit afin de soutenir le Soleil dans sa lutte contre l'obscurité. *Yalda* signifie « naissance » en persan.

En famille ou entre amis, on se retrouve autour du feu, du poêle ou à la lueur douce des bougies et on récite des poèmes, on fait des vœux, on se raconte des histoires.

Traditionnellement, on mange des fruits secs et des fruits de saison aux couleurs du soleil, comme des kakis ou des grenades.

Yalda est une fête très populaire en Iran, elle célèbre la naissance de la déesse solaire Mithra[13], déesse de l'Amour et du Pardon aussi connue sous le nom de Mehr.

Selon certains, Yuletide, la période de Yule donc de Noël en Europe, serait très fortement inspirée par cette tradition dont elle aurait tiré le nom.

## ✳ DIVINITÉS ✳

- Le Roi Chêne : dans la culture celte, le Roi Chêne règne du solstice d'hiver au solstice d'été. Il représente la force solaire, la lumière, contrairement à son frère le Roi Houx qui, lui, symbolise l'obscurité.

13. Mithra est devenue le dieu Mithras dans la tradition romaine, où règne un patriarcat absolu.

- Lakshmi, déesse hindoue de la Fortune, de la Prospérité et de l'Abondance.
- Skadi, déesse nordique de l'Hiver, de la Neige et de la Montagne. Elle aurait donné son nom à la Scandinavie, qui signifierait « territoire de Skadi ».
- Frigg, grande déesse nordique du Mariage, de la Fertilité et de la Maternité. Elle est l'épouse du roi Odin, un des plus puissants dieux de la mythologie nordique. Frigg est une magicienne capable de voir et d'entendre tout ce qui se passe dans le monde.
- Cailleach, sorcière divine, déesse mère. La Cailleach a plusieurs visages et différents noms. Dans la culture écossaise, elle est la reine de l'hiver.

## ✳ ACTIVITÉS ✳

- Fabriquer des pots-pourris aux odeurs chaudes et épicées.
- Confectionner une couronne de l'Avent.
- Préparer du thé, du chocolat ou du vin chaud épicé.
- Écrire, lire, étudier.
- Contempler, observer la nature.
- Faire du yin yoga.
- Faire l'expérience du silence.
- Allumer plein de bougies, des feux de cheminée.

- Rendre son intérieur douillet et confortable afin de s'y sentir en sécurité.
- Méditer.
- Décorer l'arbre de Yule avec des bâtons de cannelle, de petits pentacles faits de bois, des écorces de fruits séchées, de l'anis étoilé, des rubans, des branches de houx et d'eucalyptus, des guirlandes lumineuses, des pommes de pin, des noix et noisettes bombées en or, des pommes rouges…
- Se reposer.
- Préparer la bûche de Yule.
- Faire des offrandes aux déesses mères.
- Cuisiner pour nos proches.
- Ressentir de la gratitude pour l'année écoulée.
- Offrir et recevoir des cadeaux.

## ⛤ RITUEL ⛤
## Les douze nuits sacrées

Afin d'accompagner la période de festivités de Yule et de Noël, ce passage vers le renouveau et la nouvelle année, il existe un rituel très ancien, celui des douze nuits sacrées.

Comme il prépare l'année spirituelle à venir, il est à effectuer entre le 26 décembre et le 6 janvier[14], période hors

14. Quoi qu'il soit tout à fait possible de le pratiquer du 1er au 12 janvier.

du temps, un temps d'ajustement entre la Lune et le Soleil et leurs calendriers respectifs. C'est donc un temps sacré, celui où les Rois mages cheminaient à la lueur de l'étoile du Berger, inondant le monde de leur sagesse. C'est d'ailleurs le 6 janvier, jour de l'Épiphanie, que la lumière prend l'ascendant sur l'obscurité et que les jours commencent à rallonger.

Il s'agit de passer ces douze jours, ces douze nuits en conscience. De remarquer et de noter nos pensées, nos émotions dans un carnet consacré à ce qu'il se passe à l'intérieur comme à l'extérieur.

Le fait de formuler des souhaits pour l'année à venir permet d'affiner sa vision, et de clarifier ce qui compte vraiment pour nous afin de s'y ouvrir. Cela permet également d'apprécier et d'être dans la gratitude pour ce qui est et ce qu'on a déjà.

Cette pratique consiste à ouvrir son cœur le plus possible afin de se laisser ensemencer par ce que la vie a à nous offrir. Les expériences heureuses comme les plus délicates, toutes deux nécessaires à notre évolution et à notre croissance spirituelle. Elle peut très bien se pratiquer en famille.

Chaque jour correspond à l'énergie des douze mois de l'année et permet de semer une graine, d'ancrer un souhait : le 26 = janvier, le 27 = février, le 28 = mars, etc.

*Matériel :*

- 12 petits bouts de papier ;
- 12 bougies rouges ;
- 1 petit chaudron ou 1 autre contenant ;
- 1 petite assiette ;
- 1 carnet et 1 stylo.

*Déroulement :*

- Chaque soir, alors que la bûche crépite dans la cheminée ou que les bougies illuminent la pièce d'une douce lumière, offrons-nous un moment. Un temps pour observer les enseignements offerts par cette journée. Un temps pour réfléchir à ce que nous aimerions vivre et expérimenter dans tous les domaines de notre vie.
- Prenons le temps de nous connecter à ce qui compte vraiment pour nous. Soyons simple, allons à l'essentiel. Notre cœur sait, faisons lui confiance, laissons-le s'exprimer. Il n'y a rien à faire, seulement à ressentir et à se laisser guider.
- Le premier soir, après un temps de méditation, prenons nos 12 morceaux de papier et écrivons un souhait différent sur chacun, puis plions-les tous en quatre.
- Mettons l'ensemble des papiers dans notre chaudron.
- Mélangeons-les.
- Prenons un moment afin de visualiser la réalisation de ces souhaits au cours de l'année.

- Ensuite, allumons une bougie rouge, piochons un des papiers et faisons-le brûler à la flamme de la bougie. Laissons-le brûler entièrement en le mettant dans la cheminée ou en le posant sur la petite assiette.
- Relions-nous au mois correspondant en le regardant disparaître à travers les flammes. Le fait de brûler son souhait est un acte de lâcher-prise et signe notre cocréation avec l'Univers.
- Chaque soir, allumons ainsi une bougie en prenant un temps de méditation et répétons le rituel jusqu'au 6 janvier.
- Notons nos impressions et les intuitions que nous ressentons dans notre journal des douze jours.
- Nous pouvons aussi utiliser des oracles et tirer une carte chaque soir pour nous guider et nous laisser ensemencer par la lumière.

**PLANTES MAGIQUES**

Les infusions de plantes sont des ressources précieuses, qui vous permettront de vous connecter aisément à la magie de la nature. Voici trois recettes simples à réaliser (1 part : 1 cuillère à café).

**Intuition et pouvoirs psychiques**

2 parts de cannelle, 1 part de cardamome, des pelures d'orange séchées, 2 clous de girofle. Ajoutez 1 pincée de noix de muscade.

……

......

**Méditation et relaxation**

1 part de fleurs de sureau noir, 1 part de camomille, 2 parts de verveine.

**Digestion**

Soulage l'estomac après un gros repas. À parts égales : menthe poivrée, romarin, fenouil.

## MA CÉLÉBRATION
## « Mon sapin », par Patricia

« Il y a trois Noël, j'ai décidé d'accueillir à la maison un petit sapin. Nous sommes allés le chercher dans la forêt, pas loin du lieu où j'ai passé mon enfance. Nous avons choisi un tout petit sapin, que mon mari a pris soin de déraciner afin de le transplanter dans un pot suffisamment grand pour qu'il puisse poursuivre sa croissance.

Je l'ai nommé Miguel, parfois il s'appelle aussi Pablo ou bien Patrick... Il fait partie de notre famille. Il passe toute l'année dehors, côté nord, car nous habitons dans le sud de la France.

Lorsque Noël arrive, mon mari, mon fils et moi l'installons dans notre salon. Nous l'honorons en le décorant de guirlandes, de lumières, d'étoiles... Des animaux en bois et en tissu ornent ses branches et ses racines.

Il représente pour moi cette force de la nature, le Vivant qui traverse les saisons et qui se renforce dans les profondeurs même de l'hiver. Il est courageux, obstiné et la joie se diffuse par le bout de ses épines d'un vert tendre et soyeux.

Quand Noël est passé, nous prenons le temps de lui enlever son déguisement de fête, nous le remercions pour le temps qu'il a passé dans la maison et nous le remettons à l'extérieur. Un temps pour chaque chose et chaque chose a sa place, tout simplement. »

# IMBOLC

1er et 2 février

## LA PROMESSE DE L'AUBE

*« La meilleure façon de réaliser ses rêves est de se réveiller. »*

Paul Valéry

**Énergies :** inspiration, intériorité, commencements, purification, Birgid

**Arbres :** frêne, sorbier, platane

**Plantes :** bruyère, violette, romarin, fleurs blanches

**Encens :** gardénia, basilic, benjoin

**Cristaux :** améthyste, turquoise, quartz

**Couleurs :** blanc, argenté

**Rituels :** transformation, purification, guérison, inspiration créatrice

Premier sabbat de l'année calendaire, Imbolc ou Imolc (littéralement, « dans le ventre » en gaélique) se trouve à mi-chemin entre Yule, le solstice d'hiver, et Ostara, l'équinoxe de printemps. Il est célébré le 1er février, veille de la Chandeleur, dont les incontournables crêpes symbolisent le soleil et le retour de sa lumière.

## La promesse de l'aube

Lors du solstice d'hiver, la Déesse a donné naissance au Dieu. Imbolc est l'instant d'après la naissance, où la lumière qui émerge du cœur de l'hiver devient peu à peu la lumière du monde. Ce sabbat est un temps de transition, un passage entre le repos hivernal et l'éclosion printanière à venir. Un temps de ressourcement et de purification du cœur et de ses émotions profondes.

Ce sabbat célèbre les prémices du printemps, la vie sous terre encore et notre survie à l'hiver. Aujourd'hui, avec tout le confort moderne, cela nous paraît peut-être dérisoire, mais les gens de la terre, les civilisations grégaires vivaient en osmose et dans un respect total du cycle des saisons, du monde animal, végétal et minéral car leur survie en dépendait.

C'est entre autres encore le cas de nombreuses espèces d'oiseaux qui voient leur vulnérabilité se déployer lorsque les températures deviennent négatives et que la terre arbore son manteau de neige.

Imbolc célèbre la promesse de l'aube, le retour progressif de la lumière et du soleil qui jour après jour réchauffe la Terre et les âmes.

## Renaissance

Sans chaleur ni lumière, pas de vie possible. C'est donc la lumière de vie, la force vitale que l'on honore lors d'Imbolc.

Le mois de février voit aussi naître les premières brebis de l'année, symbole de renaissance, de commencements et dont le lait immaculé symbolise la fécondité, l'abondance et la pureté. Le lait, qu'il soit animal ou végétal, ainsi que le beurre ont la part belle dans de nombreuses recettes de ce sabbat.

Difficile d'imaginer le bonheur procuré par un simple verre de lait pour nous qui passons la saison froide à se délecter de boissons chaudes à profusion, bien au chaud sur notre canapé. Prenons un instant pour imaginer ce que vivaient nos aïeux pendant l'hiver il n'y a finalement pas si longtemps. En effet, la période hivernale était parsemée de nombreux défis pour nos ancêtres : se chauffer, s'approvisionner, conserver des aliments (sans réfrigérateur), avoir de l'eau potable, se soigner, laver ses vêtements, s'éclairer… On comprend mieux pourquoi ils vénéraient tant les éléments, faisaient des cultes et des offrandes au Soleil, au feu, à la Terre.

## Un moment de douceur et d'entre-deux

Imbolc est un sabbat plus intime que les autres, que l'on fêtait calmement chez soi autour du feu plutôt qu'autour de grandes tablées. C'est un moment de gestation et d'intimité, un peu comme lorsque le réveil a sonné, mais que l'on savoure encore ces quelques délicieuses minutes blotti bien au chaud sous la couette.

Ce temps entre le rêve et la réalité, le passé et le nouveau jour à venir. Un moment de douceur, et d'entre-deux. Entre la nuit et le jour, l'hiver et le printemps. Un temps qui ouvre la porte du rêve, où plongé à l'intérieur de notre vérité on peut voir émerger nos véritables envies.

Pas à pas, on commence à envisager les graines que l'on plantera au printemps.

Imbolc est une transition, un passage entre l'ombre et la lumière, la guérison profonde et l'action à venir.

Entre la personne que nous étions hier, avant la traversée de nos ombres, et celle qui s'apprête à renaître au petit matin dans l'énergie de vie printanière. Nous ne sommes déjà plus la même personne. La nuit a été initiatique, nous ne pouvons pas l'expliquer, mais nous le ressentons.

Bientôt prêts à éclore et à renaître, nous sommes encore pourtant « dans le ventre », dans notre cocon douillet et rassurant où l'on a appris à apprivoiser nos ombres afin d'y contacter notre lumière profonde. Cette lumière, nous l'offrirons bientôt au monde, mais avant prenons encore le temps de la gestation sacrée.

Personnellement, je célèbre Imbolc simplement en profitant de chaque minute dans mon cocon et en faisant des rituels de purification et des crêpes.

## L'eau, source de vie

L'eau est un symbole phare d'Imbolc. Symbole des émotions, des mondes subtils, de la psyché, du féminin, l'eau est comme la lumière, source de vie.

L'une des hypothétiques traductions d'Imbolc et qui signifie « dans le ventre » me fait d'emblée penser à ces eaux matricielles, les eaux du ventre de nos mères. Ces eaux qui nous ont donné la vie.

On dit que chaque goutte d'eau porte la mémoire de notre humanité tout entière et que si la Terre venait à disparaître ce serait engloutie par les eaux.

Imbolc est cet état entre deux mondes, entre l'obscurité du ventre avant le contact avec la lumière, l'air, l'extérieur. Il nous invite à rester encore quelque temps à l'intérieur. Un temps pour se délester et se préparer à (re)naître.

## Naissance et sexualité

Les bébés conçus à Beltane (1er mai), sabbat de l'éclosion, du lien charnel à la vie et aux corps, naissaient autour du sabbat d'Imbolc.

Imbolc est un sabbat intermédiaire, tout comme l'est la grossesse. C'est aussi à cette période que commence l'accouplement chez certaines espèces d'oiseaux, par exemple. Cette période reste donc dans l'inconscient collectif liée à la fertilité même si, nous le verrons ensuite, le sabbat de Beltane y est associé directement.

Les énergies de la naissance et de la sexualité cohabitent lors de ces célébrations. Dans la culture païenne comme dans beaucoup d'autres, les prémices sont parties intégrantes du processus de création. Ainsi, l'acte sexuel fait partie intégrante de la naissance tout comme la gestation d'un nouveau projet, le fait d'y penser et de le faire vivre en nous est la première étape de la manifestation de celui-ci.

Imbolc est aussi un temps de récupération et de ressourcement pour la déesse qui a donné naissance au soleil lors du sabbat précédent. Elle est sous la protection de la déesse vénérée Brigid.

### Purification et guérison

Ce n'est pas un hasard si Imbolc suit la première pleine lune de l'année et ce portail énergétique permettant d'alchimiser et de guérir nos maux physiques et psychiques. Et bien que la promesse d'un nouveau printemps nous soit faite, Imbolc est un temps d'introspection et de guérison qui nous invite à prendre encore le temps nécessaire pour guérir nos maux avant d'agir et se remettre à créer à nouveau.

Pour les Celtes, Imbolc représente les premières lueurs du printemps et son grand nettoyage.

Et si l'énergie n'est pas encore assez présente pour s'adonner au nettoyage intégral de la maison, on peut néanmoins sortir de l'hiver en douceur. Ainsi, on purifie, on aère, on assainit la maison, on range, on trie.

On met aussi de la lumière sur ce qui s'est lentement mais sûrement accumulé, que ce soit dans une pièce, un placard, mais aussi dans nos têtes.

C'est le moment de sortir nos balais de sorcière afin de déblayer toutes les énergies stagnantes, et d'ainsi renouveler l'air !

## Les graines de demain

Imbolc est le sabbat des commencements et des transformations silencieuses qui s'opèrent déjà dans le présent et participent au chemin de demain.

C'est le moment de planter les graines qui verront le jour dans les semaines à venir, métaphoriquement et concrètement. On plante des graines symboliques et réelles tout en pensant aux fleurs et plantes que l'on veut voir pousser dans son jardin ou sur son balcon. La graine symbolise le sabbat d'Imbolc car elle contient tout le potentiel de la vie à venir.

On plante une graine, on en prend soin, mais on n'est pas responsable de son devenir. Imbolc nous rappelle aussi que le principe de vie dépend toujours d'une cocréation.

## PLEINE LUNE DES TEMPÊTES

La Pleine Lune des tempêtes, parfois aussi appelée « Lune de lait », « Lune des neiges » (*Snow Moon*), « Lune de glace » ou « Lune de la mort », est une invitation à la transformation, à la purification et au renouveau.

Cette lune nous invite à alchimiser nos ombres en lumière, à prendre le temps de rester en nous-même pour contacter notre silence intérieur afin d'observer et d'accompagner nos transformations silencieuses.

Le vide, le silence, l'immobilité nous enseignent la marche à suivre en nous invitant à nous connecter à notre essence profonde. À trouver dans nos profondeurs les réponses à nos infinies questions et un ancrage stable et sécurisant afin de transformer nos peurs en forces fondatrices.

Soyons à l'écoute de nos besoins profonds, répondons-y, prenons soin de nous afin d'offrir notre plus belle présence au monde. Réunissons nos forces physiques, émotionnelles et spirituelles avant de pouvoir renaître dans la fluidité au cycle prochain, telle est l'invitation de la lune de février.

## DIVINITÉS

- Brigid, déesse celtique de la Guérison, du Feu, des Poètes et de la Transformation (voir « Brigid : la jeune fille, la mère, la femme sage »).

- Junon, déesse romaine de la Fertilité et du Mariage, protectrice des femmes.
- Aradia, fille de la déesse romaine Diane. Elle est considérée pour beaucoup comme la reine des sorcières.
- Faunus, dieu romain des Bergers, protecteur des troupeaux. Il incarne aussi l'instinct primitif. Faunus était également un oracle, il communiquerait avec les humains par l'intermédiaire des bruits de la forêt et du rêve.
- Cupidon, dieu romain du Désir amoureux et de l'Amour. Représenté avec un arc et des flèches, il a le don de faire naître l'amour dans le cœur des hommes et des dieux en les atteignant de ses flèches.

### Brigid : la jeune fille, la mère, la femme sage

Impossible d'évoquer Imbolc sans parler de la déesse Brigid, Birgid ou Brigitte. Pour certains païens, Brigid est l'incarnation même du sabbat.

Brigid serait née le 1er février à l'aube alors que sa mère franchissait le seuil de sa maison. Elle incarne la puissante Déesse, principe féminin dans la culture celtique. Elle est la déesse de l'Irlande, du Feu, de la Transformation et de la Flamme de vie, la sainte patronne de la création, de la poésie, de l'inspiration, de la guérison, du métal et des forgerons, de l'apprentissage, des accouchements, de la renaissance, de la sagesse et des eaux guérisseuses.

Elle incarne la jeune fille, la mère et la femme sage et on la trouve représentée sous les trois formes de la Déesse[15], son triple aspect sacré. Elle est aussi parfois représentée avec une tête enflammée ou en forme de serpent, dont elle serait capable de prendre l'apparence.

### *La visionnaire*

Brigid incarne aussi l'émancipation et l'indépendance des femmes. C'est celle qui milite pour leur éducation et leur intégration dans la société.

Elle aurait créé le sifflet pour les protéger d'éventuelles agressions.

Plus largement, elle invite les humains à incarner leur puissance créatrice, à oser porter leur vision en gardant confiance en leur foi, en leur feu intérieur.

« Ose être toi, crée ta vie, n'oublie pas de jouer comme un enfant car ton essence est la joie », ce mantra pourrait être celui de la Déesse.

### *Gardienne de la flamme éternelle*

Brigid offre aux êtres qui la sollicitent l'aide nécessaire pour veiller et renforcer leur flamme sacrée, leur lumière intérieure, afin d'y puiser la force de se transformer.

Les bougies sont donc particulièrement importantes lors d'Imbolc, on les déposera notamment sur le rebord de nos fenêtres, en résonance avec la lumière solaire. Elles

15. La triple déesse incarne la femme dans ses trois grandes périodes de vie.

représentent à elles seules les quatre éléments sacrés (l'Air, l'Eau, le Feu et la Terre).

Elles symbolisent autant notre lumière intérieure que le feu sacré situé au creux de nos entrailles et la flamme éternelle gardée par la déesse Brigid.

Souffler sur l'énergie du Feu est vu comme une offense par de nombreux néopaïens. Il est préférable d'utiliser un éteignoir ou de laisser les bougies s'éteindre d'elles-mêmes.

*La mère des mers*

Brigid est aussi la déesse du Puits sacré et la protectrice des eaux guérisseuses. Elle aide les femmes à accoucher, les délivre de leur douleur. Elle est aussi capable d'apaiser les brûlures, en appliquant sur la peau échaudée des feuilles de ronce préalablement trempées dans de l'eau de source.

À Imbolc, l'eau sous toutes ses formes est vénérée, des eaux matricielles à celles de la pluie, des sources souterraines, des fleuves, des rivières, des mers, des ruisseaux…

## ✳ HISTOIRES ET TRADITIONS ✳

### Februa – Februalia – Lupercalia

Le calendrier romain, ancêtre de notre calendrier, ne comptait que dix mois. Janvier et février n'existaient pas car, aussi étonnant que cela puisse paraître, on ne comptait pas les mois d'hiver. Ce n'est qu'au VIIe siècle avant J.-C. que les mois de janvier et février furent ajoutés.

Le nom « février » vient du latin *februarius* qui signifie « faire des expiations » et est issu de *februare*, « purifier », en l'honneur de Februa, le dieu de la Mort et de la Purification dans la mythologie étrusque. Februa est aussi le surnom de la déesse Junon, l'épouse et la sœur de Jupiter. Junon est la déesse des Purifications et de la Délivrance des femmes, notamment pendant l'accouchement. Elle est assez proche de Brigid.

La tradition voulait qu'on clôture l'année en leur rendant hommage lors de grandes fêtes nommées Februalia. Junon était invoquée aussi bien pour célébrer le départ des défunts vers l'au-delà que pour accueillir l'éclosion de la vie nouvelle, mêlant ainsi la mort et la fécondité.

Dans l'Antiquité, le mois de février était perçu comme le douzième mois, c'est-à-dire un mois situé entre deux cycles, une transition entre l'hiver et le printemps. Alors, avant de commencer un nouveau cycle, et une nouvelle année, qui à l'époque débutait donc au mois de mars, sous l'égide du dieu de la Guerre Mars, symbole de force vitale et de force animale, les Romains s'adonnaient à une série de purifications rituelles, de rites expiatoires et de lustrations.

Ces fêtes étaient dédiées aux mânes des morts, ces esprits qui symbolisaient l'âme des défunts. De nombreux sacrifices rituels étaient pratiqués.

Plus tard dans la Rome antique, les célébrations de Februalia furent remplacées par les lupercales, qui étaient célébrées entre le 13 et le 15 février. Des sacrifices avaient lieu au pied de la grotte du Lupercal, dans le Palatin, là où la légende raconte que la louve, *lupa* en latin, avait allaité les célèbres jumeaux Romulus et Remus.

C'était une fête pastorale surtout pratiquée par les bergers dont les troupeaux paissaient sur les collines de Rome. Elle était destinée à raviver la fécondité de la société humaine en libérant les puissantes forces vitales de la nature ; pour ce faire, on célébrait Faunus Lupercus, le dieu de la Fertilité, des Troupeaux et le protecteur des loups.

En 494, le pape Gélase Ier interdit la fête païenne des lupercales. Elle fut remplacée par la Saint-Valentin, Valentin étant le patron des amoureux et des fiancés.

## Lustration

Que ce soit dans la Grèce ou dans la Rome antique, les cérémonies de purification avaient le vent en poupe. À Rome, à l'aide d'un aspergillum, d'un brin d'olivier ou de laurier, on versait de l'eau afin de purifier une personne, un animal, un objet ou un lieu. Ces purifications avaient aussi pour but, au même titre que les fumigations, d'attirer la bénédiction et la clémence des dieux.

Les armées romaines pratiquaient des rituels de purification avant chaque bataille, et également des cérémonies de purification, les lustrations, tous les cinq ans, ce qui a donné l'expression « les lustres[16] ».

16. Le « lustre » désignait l'espace de temps de cinq ans séparant deux recensements, avant d'être employé plus généralement pour une période de cinq ans, voire plus, d'où l'expression populaire il y a « des lustres ».

On purifiait aussi les champs et les troupeaux. Chez les Romains comme pour les Grecs anciens, l'eau a toujours occupé une place centrale et sacrée notamment par l'utilisation des bains, et les nombreux thermes dédiés aux soins du corps et de l'esprit.

## Chandeleur, la fête des chandelles

La Chandeleur, aussi célébrée par les chrétiens le 2 février, est une tradition héritée de l'époque médiévale qui trouve ses origines dans la Rome antique ; elle s'appelait alors Festa Candelarum, la « fête des chandelles ».

Lors de cette nuit, le dieu Pan[17] était célébré par des flambeaux qu'on allumait à minuit.

Le jour de la Chandeleur ou d'Imbolc était aussi appelé la « fête des flambeaux » ou « Candlemas ». Les paysans parcouraient les champs avec des flambeaux à la main afin de les purifier avant les semailles et d'honorer les déités des récoltes. Ce rite de passage à la sortie de l'hiver célébrait la lumière, la purification et la fécondité.

Dans la Rome antique, des processions aux flambeaux avaient lieu afin de renouveler le feu des vestales, les prêtresses de Vesta, déesse du Foyer, de la Maison et de la Famille.

Plus tard, on retrouvera cette fête sous le nom de « fête de purification de la Vierge Marie » ou « présentation de

17. Équivalent grec du dieu lumineux Cernunnos, ou « le Cornu ».

Jésus au Temple[18] ». Dans le rite chrétien, des processions aux chandelles avaient lieu selon un cérémonial précis : chaque personne devait faire le trajet de l'église à chez elle en prenant soin de garder son cierge allumé pendant tout le trajet.

Ce cierge béni protégeait le foyer et la maison de la foudre au sens strict comme au sens figuré. Pour cette occasion, toutes les bougies de la maison devaient aussi être allumées.

Aujourd'hui, on connaît surtout la Chandeleur pour ses crêpes. Par leur forme ronde et dorée, les crêpes rappellent le disque solaire, évoquant le retour du printemps.

**LA PIÈCE D'OR**

Lorsque l'on fait des crêpes, respecter la tradition de la pièce d'or est censé assurer prospérité et abondance à toute la famille.

La coutume veut ainsi que l'on fasse sauter la première crêpe dans la main droite sans la faire tomber par terre, et en tenant une pièce d'or (ou de deux euros) dans la main gauche.

Ensuite, la pièce est enfouie dans la crêpe, qui est portée en procession dans la maison par toute la famille. Puis on dépose la pièce en haut d'une armoire jusqu'à l'année suivante.

La pièce est alors offerte à la première personne dans le besoin que l'on croise.

18. Quarante jours après la naissance de Jésus, sa mère Marie le présenta au Temple de Jérusalem, comme le veut la tradition juive pour tout nouveau-né de sexe masculin. C'est alors que le prophète Siméon reconnut en Jésus un enfant hors du commun, le nommant « lumière qui se révèle aux nations ».

## La fête de Yemanja, la mère de l'eau

Par son histoire et ses racines ancestrales, Imbolc est le sabbat maître de la purification par l'eau.

Tous les 2 février, les habitants de Salvador de Bahia, au Brésil, honorent Yemanja, cette déesse mère afro-brésilienne.

Yemanja est la mère des Orisha, les divinités de la nature. Dans la religion candomblé, mélange de rites chrétiens, amérindiens et africains hérités pendant la période coloniale, Yemanja est la déesse de la Mer, protectrice des femmes, de la gestation, des marins et de la famille. Elle est également vénérée dans d'autres pays d'Amérique latine, ainsi qu'aux Caraïbes et aux États-Unis.

Parfois représentée comme une sirène, Yemanja fut assimilée à l'énergie de la Vierge Marie, comme celle qui aime tous ses enfants. D'ailleurs, l'origine hébraïque du prénom Marie vient de Myriam, et signifie « princesse de la mer ».

Ainsi, tous les 2 février, à la lueur de l'aube, la plage de Rio Vermelho à Bahia vibre au son des percussions, des chants, des prières et les habitants dansent en l'honneur de la déesse. De blanc vêtus, ils déversent dans la mer des milliers de fleurs parfumées en l'honneur de Yemanja. Parmi les offrandes, on trouve aussi des fruits, des bougies ou des peignes voguant sur des petites embarcations en bois.

La fête de Yemanja réunit tous les Brésiliens quelles que soient la couleur de leur peau, leurs origines, leurs coutumes ou leur religion ; tous célèbrent dans la joie la Mère de l'eau.

Ce grand bain rituel purificateur est aussi pratiqué à Rio de Janeiro pour la célébration du Nouvel An.

### Le Gange

En Inde, de véritables cultes sont ainsi rendus aux eaux sacrées et aux rivières saintes, comme le fameux Gange. Les hindous y font leur ablutions, y pratiquent des rites funéraires et en guise d'offrandes y déposent des petites pièces d'or et d'argent.

### Sandhya Vandana

Le rituel indien de Sandhya Vandana, le plus souvent pratiqué avant une méditation, consiste à offrir de l'eau au soleil, symbole de la lumière intérieure. Après avoir récité un mantra, l'offrande se fait, permettant ainsi à l'eau de retrouver sa pureté primordiale, élément fondamental de la création. Cette eau-lumière offerte au Soleil vient ensuite fertiliser la terre en même temps qu'elle chasse les énergies négatives.

Dans presque toutes les traditions anciennes, après une longue et terrible sécheresse, les pluies et les crues abondantes étaient accueillies par des danses, des chants ou des sacrifices car l'eau est source de vie, et permet notamment de fertiliser la terre.

## La croix de Bright ou de Brigid

Que ce soit en Irlande, en Grande-Bretagne ou plus tard en Gaule sous sa forme christianisée de sainte Brigitte, Brigid est une déesse des plus vénérée. Une croix en son honneur existe depuis l'Antiquité.

La croix de Brigid est une croix à quatre branches formée de deux spirales tournant vers la droite, dans le sens solaire[19]. Symbole des quatre positions de la Grande Ourse dans le ciel et du mouvement perpétuel du cycle autour de son centre.

La croix de Brigid porte bonheur et protège le foyer. En Irlande, elle est traditionnellement confectionnée le 31 janvier au soir au moment du coucher du soleil.

## Les *biddies*

On retrouve lors d'Imbolc et de Lughnasadh (1er août) la confection de petites poupées de paille, nommées *biddies*, qui viendrait d'une tradition d'origine gaélique. Elles sont faites à partir des grains de n'importe quelle céréale, généralement du maïs et du blé, voire des herbes, des roseaux…

Si lors du sabbat de Lughnasadh la poupée de grain représente la maturité, donc l'aspect femme sage de la triple déesse, lors d'Imbolc c'est plutôt son aspect jeune fille, même si elle vient d'accoucher.

Ces poupées représentent l'abondance.

19. Son motif rappelle le symbole breton du *hevoud*, aussi appelé tétrascèle en français.

## ✳ ACTIVITÉS ✳

- Honorer Brigid.
- Faire des rituels de purification, d'abondance et de prospérité.
- Faire des crêpes et autres recettes à base de lait végétal.
- Allumer et consacrer des bougies.
- Faire du tri dans ses affaires, ses placards, ses relations, afin d'accueillir la nouveauté.
- Mettre des fleurs blanches dans sa maison.
- Donner à manger aux oiseaux et mettre du sel dehors en l'honneur de la vache qui accompagnait Brigid.
- Nettoyer, purifier sa maison et ses outils magiques.
- Fabriquer une croix de Brigid pour s'assurer de la protection de la déesse.
- Faire des offrandes.
- Planter des graines physiques et subtiles (des idées, des rêves…), commencer quelque chose de nouveau.
- Purifier son cœur de ses blessures, prendre le temps de la guérison.
- Changer ses habitudes.
- Faire plus ample connaissance avec son enfant intérieur en jouant et en créant sans aucune limite…

- Se promener dans la nature ou dans un parc pour observer les premiers signes de vie et de résilience.

## RITUEL
### L'eau lustrale

Que ce soit dans la culture païenne, hébraïque, hindoue, gréco-romaine ou arabe, les eaux lustrales sont employées depuis des temps très anciens dans les cérémonies de purification. Imbolc est un moment idéal pour en réaliser une.

*Ingrédients et matériel :*

- 1 poignée de fleurs de saison (jasmin, iris, primevère, crocus…) ;
- 4 feuilles de menthe ;
- 4 feuilles de sauge ;
- 4 tranches de citron jaune ou vert ;
- 4 brins de romarin ;
- 4 gouttes d'huile essentielle purifiante (de lavande, d'oliban ou de cèdre) ;
- 1 cuillère à café d'huile végétale (amande douce, huile d'olive, coco, etc.) ;
- 1 poignée de sel d'Epsom, de sel rose de l'Himalaya ou de gros sel non raffiné ;

- 50 centilitres d'eau de source ;
- 1 saladier ou 1 grand bol ;
- 1 bougie blanche.

*Déroulement :*

- Dans le saladier, déposons les fleurs, la menthe, la sauge, les tranches de citron et 4 brins de romarin.
- Ajoutons l'huile essentielle, l'huile végétale et le sel.
- Versons l'eau de source par-dessus.
- Trois jours avant la pleine lune, déposons le saladier à l'extérieur ou sur le rebord de la fenêtre afin que son contenu s'imprègne de l'énergie lunaire.
- Le lendemain matin, rentrons le saladier à l'intérieur et ressortons-le le soir venu. Recommençons jusqu'à ce que la lune soit pleine et irradie sa lumière dans le ciel.
- Le jour de la pleine lune, prenons un temps de méditation.
- Allumons une bougie blanche.
- Respirons profondément en prenant conscience de chaque inspiration et de chaque expiration. Sentons notre ventre se gonfler, puis se relâcher entièrement. Mettons de la conscience sur l'air qui rentre et qui sort de notre bouche et/ou de notre nez.
- Quand nous nous sentons prêt, immergeons nos mains dans l'eau lustrale en pensant à ce que nous souhaitons nettoyer.

- Quand nous aurons formulé nos intentions de purification, récitons cette incantation :

---

*Que cette eau bénie par grand-mère Lune et*
*toutes les mères de la Terre dont Brigid purifie*
*mon cœur, mon corps et tout l'Univers.*
*Qu'il en soit ainsi.*

---

- Remercions l'esprit de l'eau, de la déesse, de la lune et des plantes.

Nous pouvons aussi ajouter l'eau lustrale à l'eau de notre bain pour une purification en profondeur. Si nous n'avons pas de baignoire, transvasons-la dans une bouteille et versons-la le long de notre corps en pensant à tout ce que nous souhaitons voir disparaître.

Nous pouvons également la mettre dans un spray et asperger notre maison afin d'apporter un nettoyage énergétique à notre ménage ordinaire.

## MA CÉLÉBRATION
## « Les crêpes d'Imbolc », par David

« Je suis un grand fan de crêpes, mais celles de la Chandeleur sont particulières. Leur préparation s'apparente à un véritable rituel. Avant de passer en cuisine, j'allume une bougie, je purifie l'espace avec du palo santo. Puis lorsque je mélange les ingrédients ensemble, c'est comme si je me connectais à mon moi, à mes désirs profonds.

Avec la cuillère en bois, je tourne la pâte dans le sens solaire, c'est-à-dire dans le sens des aiguilles d'une montre, afin de donner du corps, de l'énergie à mes souhaits. Il m'arrive aussi de réciter une prière.

C'est difficile à expliquer avec des mots, mais c'est un moment spécial et solennel. Cette recette rituelle simpliste est comme le point de départ d'un nouveau chapitre, un porte-bonheur. Évidemment, les crêpes n'en sont que meilleures.

Pendant que la pâte repose, je prépare le tissu que vais accrocher à la porte, en hommage au manteau de Brigid. Une tradition veut que l'on laisse un tissu à l'extérieur de la maison la nuit du 31 janvier au 1er février qui sera béni par la déesse lorsqu'elle passera le seuil.

On peut l'accrocher à la branche d'un arbre, à la porte ou simplement à la poignée. Les sorciers y laissent leur cape ou leur vêtement rituel ou tout autre tissu avec lequel ils pratiquent la magie. Moi, j'enroule un ruban autour de la poignée de la porte qu'ensuite j'accroche à mon porte-clés comme un talisman magique. »

AX

# OSTARA

20 mars

## LA RENAISSANCE SACRÉE

*« L'avenir n'est jamais que du présent à mettre en ordre.*
*Tu n'as pas à le prévoir mais à le permettre. »*
Antoine de Saint-Exupéry

**Énergies :** renaissance, transformation, fertilité, éveil, équilibre, équinoxe de printemps

**Arbres :** bouleau, amandier, aulne

**Plantes :** ortie, pissenlit, sureau

**Encens :** jasmin, sang-de-dragon, myrrhe

**Cristaux :** quartz, lapis-lazuli, jaspe rouge

**Couleurs :** couleurs pastel

**Rituels :** accroissement, fertilité, intuition, renouveau, commencement, purification

## Le renouveau

Si Imbolc nous offre l'espoir et la promesse de l'aube, Ostara nous offre la promesse d'un jour nouveau. Sur la Roue de l'année, l'équinoxe de printemps se trouve à l'Est, lieu des commencements et des premières lueurs du soleil.

Ostara se célèbre entre le 19 et le 21 mars selon les années, lorsque le soleil se trouve au zénith de l'équateur, marquant ainsi l'équinoxe de printemps dans l'hémisphère Nord et le début de l'automne dans l'hémisphère Sud.

Ce second sabbat mineur symbolise le retour de la lumière après l'hiver, la promesse d'une liberté retrouvée, du retour des longues promenades dans la nature, de la vie à l'extérieur de la maison. De la victoire de la vie sur la mort, de la renaissance sacrée de la nature et de sa fertilité, et de notre capacité à fertiliser nos envies.

Les équinoxes, du latin *æquinoctium* (« égal à la nuit »), sont des moments de transition, des passages marquant la recherche de l'équilibre. Le soleil, situé au-dessus de l'équateur, instaure un équilibre parfait entre le jour et la nuit, dont les heures deviennent égales.

C'est à partir de l'équinoxe de printemps ou « équinoxe vernal » que les jours vont être plus importants que les nuits, qu'ils vont rallonger jusqu'au solstice d'été.

La terre s'apprête à renaître et à être à nouveau fertile après de longues semaines de jachère. On peut aussi sentir, à l'image de la sève montante des plantes, l'énergie revenir peu à peu dans nos corps quelque peu engourdis par l'hiver.

Si lors d'Imbolc nous étions encore à moitié endormi dans le confort de la nuit, Ostara nous invite à revivre. C'est le temps des commencements, de l'énergie retrouvée, des espoirs et de toutes les potentialités.

### Sur le fil de l'équilibre

Lors d'Ostara, on médite sur l'équilibre de notre vie, de nos polarités, de nos temps de repos et d'action, de nos parts yin et nos parts yang.

On amorce des nouveaux projets, on affine sa vision, ses envies et ses aspirations afin d'en récolter les fruits lors du sabbat de Lughnasadh qui a eu lieu au mois d'août. Tout est une question d'équilibre et les équinoxes sont des passages nous invitant à observer ce qui est équilibré dans notre vie et ce qui pourrait être amélioré, et ceci sans culpabiliser car la recherche de l'équilibre elle-même est une forme d'équilibre.

Nous sommes des humains faits de paradoxes et de contradictions, nous sommes en chemin. La perfection n'est pas le but à atteindre puisqu'elle n'est qu'une illusion.

Sortir de la tyrannie du « c'est bien, c'est mal » est salvateur. Ces fêtes magiques, les sabbats, nous guident à maintenir l'équilibre entre notre monde intérieur et notre réalité extérieure. Entre le monde visible et invisible, entre les différents règnes et les différents plans de notre être.

Ce sont aussi des occasions de s'offrir l'opportunité d'un nouveau départ, d'ouvrir le champ des possibles afin de créer une réalité qui nous correspond davantage, celle que nous sommes venu expérimenter.

On plante les graines du renouveau, on célèbre la renaissance sacrée du cycle de la vie sous toutes ses formes. L'énergie printanière nous invite à créer de nouveaux projets et à nous abandonner aux multiples possibilités que la vie a à nous offrir si on lui en laisse l'espace.

## Le retour de la lumière et du soleil

Dans la culture païenne, Ostara est le moment de l'année où la déesse mère, c'est-à-dire le principe féminin, sort de son sommeil pour apporter lumière et fertilité à la terre. Le principe masculin, le Dieu, est représenté notamment par l'homme vert[20], car il sème la couleur verte partout sur son passage. Il incarne la puissance et la vitalité.

Tous deux symbolisent la renaissance de la nature et incarnent son abondance.

À Ostara, on célèbre le retour de la lumière, du soleil. Le retour de la chaleur de l'énergie solaire permettant la vie sur Terre.

Les jours se font plus doux, les oiseaux reviennent enchanter nos matinées par leurs douces mélodies.

Les rayons du soleil, qui se lève plus tôt et se couche plus tard, réchauffent peu à peu la terre à mesure que les

20. L'homme vert étant une représentation surtout connue dans les pays anglo-saxons, on le trouve souvent sous la désignation anglaise « green man ».

feuilles arborent leur couleur vert tendre. Les fleurs et des bourgeons jusqu'alors endormis apparaissent sur les arbres, les plantes germent et se révèlent.

La pâquerette, la jonquille, le narcisse tapissent champs et prairies, qui peu à peu accueillent les premières jeunes pousses.

Ostara marque aussi la fin de l'hibernation pour les animaux ainsi que le début de la saison des amours.

Les énergies de la Terre se réveillent, nous invitant à nous tourner davantage vers l'extérieur, à (re)tomber amoureux, à ressentir à nouveau la caresse du soleil sur notre peau.

Le papillon est aussi un symbole de ce sabbat, signe de transformation et de renaissance qui après la nuit de l'hiver s'apprête à découvrir et créer la vie.

En cuisine, on retrouve les œufs bien sûr, mais aussi tous les légumes de saison qui aident le corps à se détoxiquer après l'hiver et à retrouver plus de vitalité. Le miel est aussi associé à Ostara en l'honneur des abeilles qui vont bientôt pouvoir commencer à butiner les fleurs.

**L'ÉLÉMENT AIR**

Dans la culture celte, l'équinoxe de printemps est associée au point cardinal de l'est et à l'élément Air.

Pour les Aztèques du Mexique, l'Air est l'élément qui met en mouvement le Soleil et la Lune. Pour les Chinois, il est l'expression du Qi, de l'énergie vitale ; c'est l'équivalent du prãna, le souffle sacré de vie en Inde. Pour les Amérindiens, le vent est une force vivante qui murmure des secrets aux habitants de la Terre qui prennent le temps de les écouter.

L'Air permet de transporter les graines, les senteurs, le chant des oiseaux. Il permet la pollinisation et aux animaux de communiquer entre eux.

En posant notre conscience sur notre souffle, en inspirant profondément, on accueille de l'énergie vitale et positive. Les pensées et la respiration sont intimement liées, renouer avec l'Air et notre respiration nous fait gagner en clarté, en confiance.

Ouvrons-nous aux murmures du vent, laissons circuler en nous cette énergie de vie, d'inspiration et de créativité.

## PLEINE LUNE DE SÈVE

La Pleine Lune de sève est la dernière lune froide de la saison. La lune qui est rapprochée de l'équinoxe de printemps est la lune des commencements, de la renaissance de nos projets.

Elle nous invite à élaborer des plans, à planter des graines et à croire dur comme fer à nos intentions autant qu'en nous-même.

À l'image de la sève montante des arbres, symbole de vie et de renaissance, la Lune de sève nous permet de nous connecter à cette énergie nouvelle, à ce réveil des énergies telluriques qui se trouvent sous nos pieds pendant la période d'Ostara.

Les énergies de cette Lune de sève sont aussi bénéfiques à l'utilisation et à la consécration des plantes magiques destinées à la purification, à la bénédiction, à la fabrication de talismans ou de bâtons de fumigation, etc.

On l'appelle aussi « Lune du corbeau », animal magique qui nous permet de prendre du recul afin de se connecter plus en profondeur à notre renaissance intérieure.

Le corbeau annonce la fin de l'hiver, il symbolise la renaissance. Il sort de l'ombre pour apporter la lumière et éclairer notre chemin de guérison. Le corbeau nous montre le chemin parcouru, pointe la lumière au milieu de nos ombres. Il nous montre les forces que nous avons en nous afin de débuter ce nouveau cycle.

## ✳ DIVINITÉS ✳

Les déités le plus célébrées lors d'Ostara sont les déesses vierges ou représentant la jeune fille et les dieux virils.

- Déméter/Gaïa, déesse gréco-romaine de la Nature, de l'Agriculture, des Céréales, de la Végétation et de tous les fruits de la terre.

- Perséphone, fille de Déméter, qui, après avoir passé six mois dans le royaume des Enfers, refait surface au moment d'Ostara pour passer les six prochains mois sur Terre. Déméter colore alors le monde de fleurs pour célébrer le retour de sa fille adorée.

- Vénus/Aphrodite, déesse gréco-romaine de la Beauté, de l'Amour et de la Fertilité, née de l'écume de la mer. Lorsqu'elle est sortie de l'eau, on raconte que des fleurs bordaient ses pas. Elle est ainsi associée au pouvoir de régénération de la nature et à sa force primordiale, aux jardins, à la floraison de l'âme et à la renaissance printanière.

- Cernunnos, « le Cornu », dans la tradition gauloise. Garant du feu de la vie, des instincts primitifs, des forces génésiques. Il incarne le principe masculin et est le protecteur du monde animal, dont l'homme fait partie.

- Dionysos, dieu grec des Vignes, de la Végétation, du Vin et des Forces animales. Après de longs mois d'hiver éprouvants, la force et la virilité du dieu resurgissent à travers notamment la couleur verdoyante des feuilles de vigne.

- Osiris, dieu égyptien de la Fertilité, qui enseigna à son peuple l'agriculture, assure les récoltes, la régénération. Assassiné par son frère Seth, il fut ressuscité grâce à la plus puissante magicienne d'Égypte, sa sœur et épouse Isis.

- Thor, dieu nordique du Tonnerre et de l'Eau fertilisante. Avec son marteau magique, Mjöllnir, il donne un grand coup sur l'hiver, annonçant ainsi le printemps.

## ✳ HISTOIRES ET TRADITIONS ✳

Calendriers solaires, sites d'observation astronomique, lieux et rituels sacrés, Nouvel An, commémoration de la liberté retrouvée, de la victoire du soleil sur la nuit, de la vie sur la mort ou encore festival de la lumière et de la renaissance universelle… Cela fait des millénaires que les hommes marquent dans la pierre autant que dans leur cœur le passage du temps représenté par le cycle de l'astre solaire, source de vie sur Terre.

### Ostara – Éostre – Easter – Ostern

Le nom Ostara vient de la déesse lunaire anglo-saxonne Éostre, déesse de la Fertilité et de l'Aube.

Le terme *Easter*, « Pâques » en anglais, en est un dérivé, tout comme *Ostern* en langue allemande. On y retrouve respectivement les mots *east* et *ost*, qui signifient « est », point cardinal où naît chaque jour le soleil, à l'aube.

### Les fêtes de Pâques

Le sabbat d'Ostara est associé de près aux célébrations des Pâques juives et chrétiennes.

La fête chrétienne de Pâques a lieu le premier dimanche après la première pleine lune qui suit l'équinoxe. Si cette pleine lune tombe un dimanche, Pâques est alors repoussée à la semaine suivante.

Cette fête essentielle de la culture chrétienne commémore la Passion du Christ[21], sa mort et sa résurrection. Après que Jésus prit son dernier repas lors de la Cène, le jour de la Pâque juive, il fut dès le lendemain crucifié, avant de ressusciter le « troisième jour ».

Le message de cette commémoration est un message d'espoir, celui du triomphe de la vie sur la mort, de la renaissance perpétuelle.

On retrouve donc des thèmes et symboles similaires à ceux du sabbat d'Ostara : les œufs, les lapins, les poussins… le renouveau de la vie après la mise en sommeil du soleil et les longs mois d'hiver.

La Pâque juive, aussi appelée « Pessah », est célébrée le soir de la pleine lune qui suit l'équinoxe de printemps. Elle commémore l'exode du peuple juif hors d'Égypte, la liberté retrouvée des enfants d'Israël.

Lorsque Dieu ordonna à Pharaon de libérer ses esclaves, ce dernier refusa. Dieu envoya alors les dix plaies d'Égypte, dont la plus terrible était celle de tuer le premier-né garçon des familles égyptiennes. Afin d'échapper au massacre de leurs enfants, les Juifs peignirent la porte de leurs maisons avec le sang d'un agneau à l'aide d'une branche d'hysope

21. La Passion du Christ symbolise les dernières heures précédant la mort de Jésus.

pour que l'ange de la mort passe au-delà. *Pessah* signifie en hébreu « passer au-dessus ».

### Alban Eilir

Les peuples nordiques, ancêtres des druides et des Celtes, célébraient les équinoxes, comme en témoignent les tertres et les cercles de pierres mégalithiques que l'on a retrouvés en Irlande.

Les druides célébraient Alban Eilir, littéralement « lumière de la terre ». Alban Eilir marque le début des plantations. C'est un symbole de joie, de vitalité et de renaissance à la vie.

### Kukulkán/Quetzalcóatl

Les Mayas célèbrent depuis des millénaires le passage de l'ombre à la lumière, comme en témoigne le jeu des ombres qu'offre à chaque équinoxe le site sacré Chichén Itzá, au Mexique : lorsque le soleil se couche sur la pyramide de Kukulkán (« dieu serpent » dans la langue maya), le corps du dieu *serpiente emplumada* (« serpent à plumes ») se dessine du haut vers le bas, donnant l'impression que le serpent géant descend les marches du temple.

Cela marque ainsi le retour du dieu Soleil et l'arrivée du printemps.

Les Aztèques nomment le dieu serpent « Quetzalcóatl », association des mots *quetzal*, signifiant « oiseau », « volant » ou « précieux », et *cóatl*, « serpent » ou « jumeaux ». Ce qui donne « serpent précieux », « oiseau-serpent » ou encore « jumeaux précieux ». Ce dieu serpent symbolise l'ancrage à la terre avec le serpent et est rattaché au ciel par les plumes de l'oiseau.

Ainsi, le corps et l'esprit, le ciel et la terre ne font qu'un. Quetzalcóatl présidait le cycle du temps, de l'agriculture, notamment de la culture du maïs. C'est aussi *la serpiente emplumada* qui après le premier déluge redonna vie à l'homme en mélangeant des ossements à son sang divin. C'est pour cette raison que les squelettes représentatifs de la *Fiesta de los muertos* au Mexique (voir le chapitre sur Samhain, p. 40) sont si joyeux, presque vivants.

## Le cadran solaire de Mnajdra

Nombreux sont les sites mettant en lumière la position du Soleil le jour de l'équinoxe[22]. À Malte, sur le site mégalithique de Mnajdra, se trouve ainsi le premier calendrier solaire du monde, qui date d'il y a plus de cinq mille ans.

Lors de chaque équinoxe, les rayons du soleil traversent l'entrée principale du temple à la porte formée dans une immense dalle calcaire et éclairent son axe. Lors des solstices d'hiver et d'été, la lumière illumine les bords des mégalithes situés à droite et à gauche de l'entrée du temple.

22. On peut également évoquer le sphinx de Gizeh, en Égypte, les sites de la butte Fajada, dans le sud des États-Unis, ou d'Angkor Var, au Cambodge, ou encore de Salem, aux États-Unis également, où un calendrier astronomique âgé de quatre mille ans marquant les équinoxes d'été a été retrouvé.

On se rendait dans ce lieu sacré notamment lors de l'équinoxe de printemps pour encourager la fertilité.

## Nawruz

Nawruz est le Nouvel An célébré par les peuples d'Iran lors de l'équinoxe de printemps. Le mot vient de l'avestique[23] *nava*, et signifie « nouveau jour », « nouvelle lumière ».

Ce festival de printemps aujourd'hui laïque est célébré depuis plus de trois mille ans par les Perses, mais aussi en Iran, en Turquie ou encore en Afghanistan.

## Thingyan

En Birmanie, le printemps rime aussi avec nouvelle année et on y célèbre Thingyan. Cette fête marque la fin de l'année scolaire et le début des réjouissances estivales ; la date est calculée selon le calendrier birman semi-solaire semi-lunaire et tombe souvent mi-avril.

Thingyan est une fête de l'eau où l'on s'asperge joyeusement, tous âges confondus, durant quatre jours. Les festivités se poursuivent avec des chants, des danses et des spectacles organisés un peu partout dans les villes et les villages.

Le jour du Nouvel An, une très ancienne tradition veut qu'on relâche des poissons pêchés au préalable dans des rivières en voie d'assèchement. La libération des poissons

23. L'avestique est une langue persane ancienne.

s'accompagne d'une prière rituelle destinée à améliorer son karma : « Je te libère une fois, tu me libères dix fois. »

## Le symbole de l'œuf

L'œuf est un symbole de renaissance et de fertilité, il est donc l'emblème d'Ostara. Symbole de fécondité universelle, il symbolise la renaissance de la nature, la fertilité, la naissance et représente une promesse d'abondance espérée de longues semaines. Il contient en lui le principe de vie et la genèse du monde.

Depuis des temps très anciens, on a peint et décoré des œufs. Qu'ils soient durs ou évidés, l'art de les décorer et de les échanger à cette période de l'année se retrouve dans de nombreux pays. La tradition la plus ancienne dont on a connaissance remonterait aux anciens Iraniens, qui s'échangeaient des œufs peints en rouge, qui selon eux était la couleur de l'origine du cosmos.

Lors du sabbat d'Ostara, il est de coutume de colorer des œufs, d'en orner sa maison et de les offrir autour de soi. On peut dessiner sur la coquille, les teindre en les plongeant dans une casserole d'eau bouillante additionnée de café, de chou rouge, de betterave, de persil, de curcuma, selon la couleur désirée ou les immerger toute une nuit dans un jus si on ne souhaite pas les cuire.

## ✳ ACTIVITÉS ✳

- Décorer son autel en l'honneur du printemps.
- Faire un grand nettoyage pour s'ouvrir à de nouvelles énergies.
- Se promener dehors, dans la nature ou les parcs.
- Décorer des œufs.
- Planter des graines.
- S'initier aux plantes médicinales et à la magie des plantes.
- Commencer un nouveau projet, une nouvelle entreprise.

**DRESSER UN AUTEL**

Un autel est un espace dédié à la célébration du cycle des saisons et à la spiritualité. C'est un point d'ancrage, un espace sacré dédié à la magie.
Cela peut être une pièce, un coin de table ou une petite commode.
On y dispose des objets – photos, cristaux, encens, bougies… – et des éléments de la nature comme des fleurs, des feuilles, des plumes, etc. Sans oublier une représentation des quatre éléments.
On peut y poser une intention en début de journée, honorer une saison ou un ancêtre, souffler un instant ou encore exprimer sa gratitude.

## Se confectionner un jardin magique

Ostara est le moment idéal pour se confectionner un jardin magique et planter des graines symboliques et réelles.

Pas besoin d'avoir de grands espaces à disposition, des plantes d'intérieur ou des jardinières sur le balcon font très bien l'affaire, et comme toujours c'est l'intention qui prime pour que la magie opère…

Préparez votre espace comme pour un rituel. Prenez un temps pour vous, purifiez votre espace sacré ou la pièce de votre choix et votre corps.

Mettez de l'encens, de la musique, faites quelques respirations en conscience ou tout ce qui vous permet d'être pleinement présent à vous-même.

Avant de mettre les graines dans la terre, prenez-les entre vos mains afin de les charger d'une intention particulière. Formulez un souhait en leur demandant de vous aider à faire germer vos désirs les plus sincères.

## La détox de printemps

Le printemps est aussi le moment du grand nettoyage. On aère, dépoussière ses étagères, trie les placards, nettoie et purifie son intérieur avec l'eau lustrale confectionnée lors d'Imbolc, sans oublier de purifier et de nettoyer son corps.

En effet, afin d'accueillir les beaux jours, de célébrer le renouveau et l'énergie grandissante, rien de tel qu'une bonne cure détox qui met son organisme au vert après les excès de l'hiver.

Pour cela, on fait la part belle au végétal en se délectant de fruits et légumes de saison. Cela tombe bien, la nature généreuse nous offre tout ce qu'il faut : ail des ours, asperges, jeunes pousses, herbes fraîches…

De manière plus générale, consommer des fruits et légumes de saison de préférence biologiques et qui ont poussé près de chez soi est une manière de célébrer au quotidien le rythme de notre Terre Mère, et ainsi d'être au diapason avec l'énergie des sabbats et des saisons.

### *La cure*

La détox de printemps prépare le corps à la saison claire et offre ainsi les meilleures conditions pour pratiquer une magie plus puissante et plus alignée. D'autant que lorsque l'on souhaite augmenter sa qualité vibratoire et faire fonctionner la loi de l'attraction, l'hygiène de vie est primordiale.

C'est une cure qui dure entre deux et trois semaines, le temps d'accompagner notre corps dans sa transition vers les beaux jours.

Si on allège son alimentation, on essaie aussi de diminuer sa charge de travail et sa charge mentale afin de profiter au mieux des énergies de régénération offertes par la nature.

Le printemps est un moment où on passe à l'action, où on débute de nouveaux projets. Créer sa vie demande de l'énergie vitale. On peut, par exemple, remplacer le café, le thé et l'alcool par des jus verts ou des tisanes de plantes, s'offrir des temps de repos digestifs en pratiquant trois à cinq fois par semaine le jeûne intermittent.

Pour cela, on mange sur une période de huit heures, le reste du temps on laisse son organisme se reposer et se détoxiquer tout seul car nos organes d'élimination (le foie, les reins ou la peau et les poumons) sont faits pour ça, pourvu qu'on les laisse faire. En pratique, soit on saute le dîner, soit le petit déjeuner. Si on termine le repas du soir à 21 heures, on ne remange qu'à 13 heures le lendemain.

Le printemps est aussi le bon moment pour essayer la monodiète très prisée des naturopathes. On se laisse tenter par des repas composés de fruits exclusivement pendant un repas, une journée ou plus.

On peut instaurer une journée de fruits par semaine, par exemple. En plus de drainer et d'hydrater l'organisme, les fruits mûrs et de saison vont apporter l'énergie nécessaire à nos organes tout en facilitant la digestion, ce qui nous fait gagner en énergie.

On peut également limiter les protéines animales telles que les viandes, les fromages, les produits laitiers (surtout le soir) et les céréales, et privilégier les protéines végétales, les crudités, les légumes et fruits frais.

## PLANTES SORCIÈRES DU PRINTEMPS

### Le bouleau (*Betula*)

Le bouleau, appelé « l'arbre de lumière », symbolise le renouveau, la remontée du soleil et les jours qui rallongent.

C'est l'arbre de la déesse Brigid, car la racine hindi-européenne *bhirg* est à l'origine de son nom.

Le bouleau est l'arbre des commencements. On confectionnait les berceaux des nouveau-nés avec afin de protéger ces derniers.

L'eau de bouleau s'achète en bouteille, et se consomme à jeun tous les matins.

Sa sève fraîche que l'on consomme au printemps est dépurative, diurétique et reminéralisante. Préférez-la non pasteurisée. En usage externe, elle soulage et soigne les problèmes de peau.

### Le pissenlit *(Taraxacum officinale)*

Surnommé « dent-de-lion », « horloge du berger » ou encore « florin d'or », le pissenlit est LA plante du printemps. Sa couleur jaune soleil évoque le retour de la lumière et le réveil de la terre après l'hiver.

On consomme ses feuilles au printemps lorsque sa couronne dentelée est d'un jaune profond, couleur du soleil, et ses fruits à l'équinoxe d'automne.

L'effet dépuratif du pissenlit est doux et complet. Il renforce et soutient le foie et la vésicule biliaire, draine les reins en douceur, a des propriétés diurétiques et anti-inflammatoires reconnues.

……

……

Vous pouvez trouver le pissenlit dans le commerce sous forme d'EPS[24], en préparations déjà faites.

Le pissenlit est utilisé en divination : on pose une question, puis on souffle sur ses aigrettes pour obtenir la réponse.

**La reine-des-prés *(Filipendula ulmaria)***

« Belle des prés », « spirée ulmaire », « pied-de-bouc » ou encore « fleur des abeilles », la reine-des-prés est une plante sacrée ; symbole de passage et d'initiation, elle était avec la verveine et la menthe très prisée dans la tradition druidique. Les magiciens respiraient ses effluves afin de se dédoubler.

On trouve la reine-des-prés en infusions dans les magasins bio, les pharmacies ou encore les herboristeries.

C'est une plante grandement diurétique qui élimine efficacement les acides, notamment l'excès d'acide urique. Elle désengorge les tissus, réduit les œdèmes et la rétention d'eau. Elle est aussi un antidouleur efficace grâce à ses propriétés hautement anti-inflammatoires.

ATTENTION, l'utilisation de reine-des-prés est formellement contre-indiquée en cas d'allergie à l'aspirine et aux dérivés salicylés.

**Le romarin *(Rosmarinus officinalis L.)***

Aussi appelé « herbe aux couronnes » ou « souffle divin » lorsqu'il est utilisé comme purificateur lors de fumigations, le romarin est une plante protectrice, star de la purification. Elle est aussi utilisée pour les

……

24. Extrait de plante standardisé.

……

bénédictions. Elle est associée à la sagesse, à la mémoire et à la guérison.
C'est un stimulant général puissant, c'est notre « ginseng méditerranéen ».
C'est un protecteur majeur de la sphère hépatique. Il stimule la production de bile par le foie, la fluidifie et facilite son évacuation vers l'intestin.
On utilise ses feuilles et ses sommités fleuries pour faire des infusions ou mieux encore des décoctions, certes un peu amères, mais très efficaces.

**Les différentes formes galéniques**

*Infusion*

Mettre les plantes dans l'eau froide. Faire chauffer et arrêter juste avant l'ébullition. Couvrir et laisser infuser une dizaine de minutes.

*Décoction*

Mettre les parties les plus dures de la plante (écorces, racines, feuilles coriaces) dans de l'eau froide. Amener à ébullition et laisser bouillir à feu doux entre cinq et quinze minutes.

## Recette magique : la tisane d'Ostara

Cette tisane est une synergie de plantes que l'on cueille à Ostara. Elle est précieuse à la sortie de l'hiver pour revitaliser et aider le corps à s'adapter au retour de la lumière.

Pour une tasse, mélanger 1 cuillère à café de fleurs de sureau, 1 cuillère à café d'ortie et 1 cuillère à café de reine-des-prés.

## RITUEL
### Le bâton de fumigation

Un bâton de fumigation, aussi appelé *smudge stick*, est un petit bouquet de fleurs, de plantes, de résines maintenues bien serrées par un lien. On s'en sert pour purifier sa maison, son espace sacré, ses tarots et oracles ou encore ses cristaux. Il est efficace pour chasser les énergies lourdes et stagnantes avant un rituel. Il aide à apaiser l'esprit avant une méditation et à se connecter au sacré.

C'est un rite de purification très ancien et simple à réaliser qui était pratiqué par les druides, les Romains, les Égyptiens, les Amérindiens (sauge blanche), les chamans et les chrétiens pendant la messe.

***Matériel pour un petit bâton :***

- Quelques brins de plantes, de fleurs et de résines ;
- 1 bâton d'encens ;
- 1 ficelle en matière naturelle (coton, lin, chanvre) d'une dizaine de centimètres.

*Déroulement :*

- Ramassons avec amour des plantes qui poussent autour de chez nous[25]. Lorsqu'on affine sa connexion à la nature, à son environnement, on découvre des merveilles juste sous nos yeux : thym, sauge, romarin, lavande, laurier, menthe, armoise, hysope, mélisse, achillée millefeuille… les possibilités sont multiples.
- Nous pouvons ajouter des fleurs ou des résines selon l'inspiration. J'aime, par exemple, y ajouter du mimosa ou une autre fleur jaune en l'honneur du Soleil lors d'Ostara[26].
- Inutile de connaître toutes les particularités des plantes. Au contraire, plus nous nous laissons guider par notre intuition, plus les bâtons de fumigation seront efficaces et magiques.
- Prenons un temps pour se connecter à la terre en ressentant son énergie sous nos pieds.
- Disposons devant nous les plantes, fleurs, résines, bâtons d'encens. Laissons-nous guider par notre intuition et notre cœur pour les assembler.
- Ensuite, faisons un nœud à la base du bouquet, effectuons plusieurs tours afin de maintenir les plantes bien serrées les unes contre les autres.

---

25. Les bâtons de fumigation sont souvent remplacés par du palo santo, un bois sacré du Pérou, or c'est un désastre écologique. Utilisons plutôt les plantes qui nous entourent, cela a plus de sens.
26. On peut confectionner des bâtons de fumigation pour d'autres sabbats. Si j'en fabrique un pour Samhain, par exemple, je mets plutôt de l'armoise pour les capacités divinatoires, de la myrrhe ou de l'ambre.

- Enroulons le fil jusqu'en haut et redescendons jusqu'à la base en le croisant.
- Coupons la longueur de fil en trop et suspendons le bouquet à l'envers ou laissons-le sécher quelques jours dans un endroit sec et à l'abri de la lumière.
- Prenons un temps pour remercier l'énergie des plantes.
- Pour utiliser un bâton de fumigation, une fois sec, il suffit de l'allumer et de souffler doucement dessus en prenant ensuite soin de répandre sa fumée dans tous les recoins d'une pièce.
- Veillons à bien aérer la pièce après la fumigation pour que les énergies négatives disparaissent avec le vent.

## MA CÉLÉBRATION
## « Planter des œufs au printemps », par Nadia

« Au moment du printemps, une tradition très ancienne perdure dans ma famille, celle de planter des œufs.

Le principe de ce rituel sacré est très simple : on met un peu de terre ou de terreau dans une demi-coquille d'œuf vide dans laquelle on plante une graine que l'on recouvre d'un peu de terre et sur laquelle on émiette l'autre partie de la coquille. Cela peut être une graine de fleur, de fruit, d'arbre…

Cette graine dont on va prendre soin représente le retour de la vie, la création, mais aussi les souhaits que l'on veut voir se réaliser. Le souhait va grandir en même temps que la graine va pousser. C'est aussi simple que magique.

Les enfants adorent faire ce rituel. Ils sont émerveillés lorsque pousse la plante, tout comme moi. »

# BELTANE

30 avril-2 mai

## LE MARIAGE ALCHIMIQUE

*« Il y a des fleurs partout*
*pour qui veut bien les voir. »*
Henri Matisse

**Énergies :** esprits de la nature, désir, bien-être, union, fées, saison claire

**Arbres :** saule, magnolia, sureau

**Plantes :** rose, aubépine, muguet

**Encens :** ylang-ylang, pin, cannelle

**Cristaux :** agate verte, quartz rose, émeraude

**Couleurs :** vert, blanc, rouge

**Rituels :** amour, sexualité, manifestation, enchantement, fécondité

## La force de vie

*Beltane* signifie « mai » en irlandais et « veille de mai » en gaélique-écossais. Bien que ses origines soient multiples et très diversifiées à travers le monde, sa célébration commence bien souvent le dernier jour d'avril, la veille de mai.

Ce sabbat majeur marque le début de l'été et de la saison claire.

C'est un sabbat de l'intersaison, situé entre l'équinoxe de printemps et le solstice d'été. Si à Ostara la nature se réveille, lors de Beltane elle se révèle.

Sentez-vous cette odeur de fleurs flottant dans la douceur de l'air ?

Le sabbat de Beltane est le temps de l'inflorescence, de la sensation retrouvée du soleil sur la peau après de longs mois et de la fécondité.

Beltane se situe à l'opposé de Samhain, au milieu de la Roue. En résonance avec Samhain, Beltane aussi est appelé « Nuit des sorcières ». Mais tandis que Samhain célèbre la partie sombre, le passé, les ancêtres, « l'avant » ainsi que l'intériorité, Beltane fête la lumière, la force de vie, la fécondité, « l'après ». La saison sombre est davantage reliée au monde souterrain, à ce qui se passe sous terre alors que la saison claire est dédiée aux forces de la nature, à ce qui se passe sur la terre.

Ce sabbat annonce des temps plus cléments, une période davantage tournée vers les sorties en extérieur, les rencontres et la sensorialité. Après une longue traversée de la nuit, de l'hiver, de nos ombres et de nos profondeurs, il nous invite à goûter à un peu plus de légèreté.

Pour ma part, j'ai une affinité particulière avec Beltane. Ces énergies de mai réveillent en moi quelque chose de spécial, d'exaltant, comme une pulsion de vie, une envie de vivre intensément après des semaines de vie au ralenti. Durant cette nuit du 30 avril et les jours qui suivent, la magie transperce le ciel, se propage par le vent, l'odeur des fleurs. Elle est partout.

C'est comme si une part de moi savait que c'était un moment important, attendu, un rendez-vous.

Un moment où l'on renouvelle ses vœux, où l'on réaffirme son engagement, en l'occurrence envers la nature, et envers soi-même puisque pour moi cela revient au même. Un moment où l'on honore les forces de vie et toutes les présences invisibles qui œuvrent pour.

Cela fait deux ans consécutifs que le matin du 1er mai, alors que je ne suis pas vraiment ce qu'on appelle une lève-tôt, je quitte mon lit à l'aurore sans avoir besoin de réveil.

Les yeux à peine ouverts, je m'extirpe de ma couette encore chaude pour aller fouler pieds nus la rosée ruisselante du matin. La rosée du 1er mai est réputée magique, guérisseuse, mais quand même… ce qui l'est d'autant plus, c'est cette part de moi, tout droit sortie du plus profond de mon inconscient qui sait qu'elle ne peut pas manquer ce moment, qu'il s'agit d'un rendez-vous, d'un appel. Cela peut paraître bizarre comme ça, cela me dépasse carrément et j'aime ça.

C'est justement à ce moment-là que cela devient vraiment intéressant. Quand on lâche son mental et que l'on se met à faire les choses sans se poser de questions ni forcément comprendre ce que l'on fait, dessine, crée, écrit. Avec la conscience qu'une part de nous sait. Lorsqu'on lâche les livres, les règles et les principes pour se laisser surprendre par une douce évidence, on entre alors dans l'expérience pure. On goûte alors à la magie suave, libre et sauvage.

Beltane est ce temps-là aussi, celui de l'expérimentation, de l'expérience de soi, non pas seul dans notre coin, mais par notre contact avec les autres, avec le monde.

### Nourrir ses rêves

Lors de l'équinoxe, nous avons planté des graines. À Beltane, il s'agit d'en prendre soin, de donner vie aux intentions et aux aspirations formulées à Ostara. De continuer à nourrir nos idées, à nourrir nos rêves. Et de se mettre en action vers leur réalisation. Le moment est venu de transformer nos envies profondes en projets concrets pour qu'ils prennent vie dans la réalité. Parfois le plus dur dans la réalisation de nos désirs et de leur manifestation c'est de continuer à y croire, à croire en soi au-delà des doutes et des découragements. Continuer de cultiver sa magie envers et contre tout.

Lors de Beltane, on donne de l'énergie à nos intentions, on fait toutes sortes de vœux, notamment amoureux car Beltane est aussi un temps d'union.

## En mai, fais ce qu'il te plaît

Beltane est le temps tant espéré des réjouissances, de la liberté retrouvée, des éclosions et de la jouissance.

Après de longues semaines où nous sommes resté enfermé à l'intérieur, après nous être abandonné à d'infinies introspections qui ont conduit à notre transformation, Beltane nous invite à, enfin, profiter de la vie. À goûter à la profondeur de la légèreté, à honorer la montée en puissance de l'énergie solaire. Beltane est un sabbat hédoniste, il nous invite à jouir des plaisirs de la vie et de la chair, à danser autour du feu sacré, à célébrer le bal des sens. À découvrir ce qui nous plaît, nous fait plaisir, y compris dans la sexualité.

La nature se révèle, les fleurs s'épanouissent, rivalisent les unes avec les autres de beauté et d'éclat, prêtes à offrir leur nectar sacré aux plus valeureux insectes. Répondons à leur subtile invitation, prenons le temps de nous pencher pour sentir leur odeur raffinée, décuplée par la chaleur du soleil.

Les fleurs sont reines lors de Beltane. Laissons-nous imprégner et inspirer par la beauté éphémère sans cesse renouvelée qui nous est offerte à ciel ouvert.

## L'union sacrée des polarités

Au moment de Beltane, la Déesse arbore son aspect de jeune fille en fleurs, incarnant ainsi la jeunesse sensuelle et incandescente. Pleine de vie et d'envies, elle s'apprête à s'unir au Roi Chêne, qui représente la lumière de l'été, de la saison claire.

Ce mariage alchimique entre les polarités féminines et masculines, entre le yin et le yang, entre le Soleil et la Lune est le gardien de la création sur Terre et du principe de vie.

Ce mariage est aussi et bien sûr intérieur, telle une invitation à regarder et à réunir les parts de nous que l'on croit opposées. Pour les regarder sous un nouveau jour, celui de la complémentarité.

Beltane nous insuffle l'expérience d'un amour de soi, univoque et inconditionnel. Comment rendre grâce à tous les aspects de la nature, des saisons et de ces passages si nous ne le faisons pas d'abord avec nous-même ?

C'était aussi l'époque des mariages ou du renouvellement des vœux, notamment avec le rituel du *handfasting*, le mariage celte. Dans l'intimité d'une forêt ou d'un bosquet, les jeunes gens se mariaient ou s'engageaient l'un envers l'autre pour un an et un jour, voire plus.

On s'offrait aussi des pervenches afin de fortifier le lien amoureux. La pervenche, surnommée « violette des sorcières », était connue dans les campagnes pour favoriser une relation d'amour durable, protéger le foyer, assurer une belle descendance aux jeunes mariés.

**LE SCEAU DE SALOMON**

Le sceau de Salomon, connu aussi comme « étoile de David » ou « bouclier de David », est un symbole de magie ancienne. Cet hexagramme étoilé représente le monde et l'union du principe masculin et du principe féminin, l'union parfaite et complémentaire du yin et du yang. Il signifie aussi le bonheur, le mariage et l'accomplissement. Le sceau de Salomon éloigne les énergies négatives pour attirer les positives.
En Inde, il représente Trimūrti, la divinité suprême qui se fait triple pour présider aux différents états de l'Univers, ainsi que le chakra du cœur.
C'est un des symboles le plus puissants utilisés en magie depuis des millénaires.

## Éclosion du désir

Beltane est le sabbat qui exalte la sensualité et les plaisirs partagés. Le Taureau, signe des plaisirs terrestres, ceux de la chair et des sens, en est le maître.

La sexualité est aussi à l'honneur, mais pas n'importe laquelle : une sexualité consciente, parfois libérée. Beltane peut être l'occasion de revoir son lien à sa propre sexualité, de l'approfondir. De recréer un lien intime avec son corps pour lui offrir encore plus de plaisir. Pourquoi ne pas essayer le tantra ou tout autre approche dans laquelle la sexualité est sublimée ?

On l'oublie parfois, notamment à cause de l'image mécanique véhiculée par la culture porno, mais la sexualité et l'orgasme sont des voies d'accès privilégiées au sacré. Faire l'amour, c'est accéder à une transcendance divine, c'est sortir l'espace de quelques instants de notre condition humaine pour goûter un autre monde.

Ce n'est pas pour rien que l'orgasme est appelé « petite mort ». Il a la capacité de nous emmener au-delà de nos limites, celles du corps et de l'esprit. C'est comme si dans cet interlude divin hors du temps, on pouvait retourner à la Source. Cette pure lumière d'où on provient tous.

En acceptant le plaisir et l'extase comme des cadeaux du corps, nous faisons l'expérience terrestre de notre âme. Nous vivons pleinement notre humanité. À travers la jouissance des sens, nous rencontrons aussi nos profondeurs, nous nous expérimentons. L'autoérotisme, les plaisirs solitaires sont en parfaite résonance avec les énergies de Beltane, qui nous invitent à expérimenter le plaisir et la jouissance avec nos cœurs et nos corps.

C'est un sabbat qui célèbre le désir. Le désir de créer, de procréer. Le désir de vivre.

Beltane parle de sexualité créatrice et d'une créativité débordante, peu importe la forme qu'elle prend. L'énergie sexuelle n'est pas seulement érotique, elle est créatrice. Elle est le fruit de la fusion des principes masculin et féminin, elle est l'énergie originelle. Mais aussi la source de notre joie de vivre, de notre façon d'être au monde, de notre créativité. Elle permet de lâcher prise et à la fois nous ancre avec sensualité dans le monde.

De nombreux enfants, appelés des « enfants de la forêt », sont conçus aux alentours de ce sabbat.

## DIVINITÉS

- Aphrodite/Vénus, déesse gréco-romaine de la Beauté, de l'Amour, du Désir et de la Fécondité.
- Maïa, déesse romaine de la Fertilité et du Printemps. Pour les Grecs, elle est l'aînée des Pléiades. Dans la mythologie hindoue, c'est la personnalisation féminine du principe créateur.
- Freya, déesse nordique de l'Amour, de la Sexualité, de la Beauté, de la Terre et de la Fertilité.
- Flora, déesse romaine des Floraisons, des Céréales et des Arbres fruitiers.
- Belisama, déesse celte de la Fertilité, protectrice des femmes. Elle est associée aux sources thermales et guérisseuses.
- Bélénos, dieu solaire lumineux de la mythologie celte, se rapproche d'Apollon. Bélénos est célébré à Beltane pour inaugurer la saison claire.
- Pan/Cernunnos : Pan est le dieu grec des Bergers et des Forêts. Il incarne l'instinct et la force primitive de la vie.

Chez les Celtes, Cernunnos, son équivalent, est une figure majeure incarnant le cycle de la nature et le principe masculin.

- Apollon, dieu grec des Arts et de la Beauté, des Guérisons et des Purifications. Il incarne la puissance masculine.

### Bélénos et Belisama : gardiens du feu de Beltane

À Beltane, on célèbre Bélénos, le « brillant », dieu celte du soleil, de la santé. Le brillant représente le principe de la lumière dont on célèbre le retour début mai, et le début de la saison claire. Tout naturellement, Bélénos a été assimilé à Apollon par les Romains, incarnant aussi la beauté sous toutes ses formes.

Le culte de Bélénos consistait en des rites sacrés autour de grands feux de joie dont l'équivalence serait aujourd'hui les feux de la Saint-Jean.

La padrère, c'est-à-dire le pendant féminin, de Bélénos est Belisama, la rayonnante. Elle est l'incarnation féminine du soleil. Belisama est la déesse du Feu et du Foyer, mais aussi de la Forge et de tous les métiers liés au feu, au travail du métal et du verre.

Parfois confondue avec la déesse Brigid, célébrée lors d'Imbolc, Belisama est une figure majeure de la culture celtique. Elle est parfois associée à Athéna/Minerve ou encore à Vesta/Hestia. Belisama est une guérisseuse, assimilée aux eaux thermales, reine des sources chaudes réputées pour induire la guérison.

L'Eau, à l'instar du Feu, est un élément sacré présent aussi lors de Beltane. Ce sabbat incarne l'alchimie de l'eau et du feu, de la Déesse et du Dieu et de nos polarités masculines et féminines.

## ✳ HISTOIRES ET TRADITIONS ✳

### Le feu de Bel et de Belisama

*Beltane* signifie le « feu de Bel ». Le feu représente le soleil, la lumière, la flamme éternelle d'une part et le feu intérieur, la force de vie et du désir en chacun de nous d'autre part. À Beltane, c'est ce feu sacré que l'on ravive à l'intérieur de notre ventre, celui de la création, de la vie.

Beltane est un sabbat lié à la purification et à la bénédiction par le feu. Autrefois, on allumait de grands feux la veille du 1er mai et sur leurs braises refroidies on faisait traverser les troupeaux afin de les protéger et les bénir.

La récolte même du bois qui allait servir à allumer les feux sacrés de Beltane était vécue comme un rituel à part entière. Par exemple, il était de mauvais augure d'avoir dans ses poches des pièces de monnaie ou d'autres objets métalliques.

Le rituel consistait par ailleurs à réunir neuf types de bois différents. Une fois que c'était fait, un druide ou une personne de pouvoir allumait solennellement le feu à l'intérieur d'un grand cercle ; ces grands feux sacrés étaient si forts et puissants qu'ils pouvaient aussi être dévastateurs.

Les cendres étaient ensuite consciencieusement dispersées sur les champs pour s'assurer de la fertilité et de l'abondance des futures récoltes.

On aimait aussi danser à travers la fumée épaisse de ce feu sacré considéré comme magique. Peut-être était-il un lieu de rencontre idéal pour les jeunes gens.

### Flore et la fête des fleurs

Dans la Rome antique, à la fin du mois d'avril, avait lieu le festival de Floralia en l'honneur de la déesse Flore ou Flora, déesse de la Fertilité, de la Végétation et de la Floraison.

Flora est une nymphe devenue déesse de tout ce qui pousse sur Terre.

Elle serait celle qui aurait semé des graines sur la Terre afin de l'embaumer et de l'embellir avec des fleurs.

### La rosée du 1er mai

Une des traditions cultes de Beltane est de récolter la rosée du matin à l'aube du 1er mai. Cette eau que les druides récoltaient à l'aide d'une pierre ou d'un coquillage creux est réputée comme ayant des vertus magiques extraordinaires. Elle permettrait de préserver la jeunesse, purifierait la peau et le corps, aurait le pouvoir de rendre terriblement attractif.

On raconte que les femmes se roulaient avec allégresse dans l'herbe recouverte par la rosée le matin du 1er mai, nues de préférence. Si on n'est pas tenté par l'expérience, on peut seulement s'en passer sur le visage comme on le ferait avec une simple eau florale.

## Le *handfasting*

Beltane était l'époque où l'on célébrait les mariages. Le *handfasting*, aussi nommé « cérémonie des mains liées » ou « rituel des rubans », issu de l'ancienne tradition celte, est le mariage païen par excellence. Cette cérémonie se tenait en pleine nature et avait pour vocation de lier les âmes de deux personnes.

Le couple se postait au milieu d'un cercle sacré représentant l'éternité, puis se prenait la main. La main gauche de l'un allait rejoindre la main droite de l'autre. Les amoureux échangeaient des vœux. Leurs mains étaient ensuite liées ensemble par des rubans de diverses couleurs, chacune ayant une signification particulière. Le couple devait ensuite retirer les rubans sans défaire le nœud.

Après avoir vécu ensemble pendant un an et un jour, ils décidaient s'ils souhaitaient rester ensemble ou si chacun préférait reprendre sa vie de son côté.

## Le mât de mai

L'arbre de mai ou le mât de mai, appelé également « poteau de mai », est un rite pratiqué depuis l'Antiquité afin d'encourager la fécondité de la nature et l'abondance. Il symbolise aussi l'accouplement du Dieu et de la Déesse.

Afin d'honorer l'union des principes masculin et féminin, on dresse un mât sur la place du village, auquel on attache des rubans de différentes couleurs. Le rouge représente le Dieu, le blanc la Déesse. Les énergies de la Terre en son pied, les énergies du Ciel à sa cime.

Femmes et hommes dansent autour pour tresser les rubans et fusionner les principes masculin et féminin. Une fois prêt, le mât reste en place jusqu'au solstice d'été. Il servira ensuite à allumer les grands feux rituels.

Cette tradition est encore vivante de nos jours un peu partout à travers l'Europe, notamment en Alsace et en Provence dans le village de Cucuron.

### La nuit de Walpurgis – Nuit des sorcières

Comme lors de la nuit de Samhain, la nuit du 30 avril au 1er mai est une nuit magique où le voile entre les mondes est des plus fins. Si Samhain ouvre la saison sombre, Beltane la clôture.

Ce sabbat est aussi surnommé la « Nuit des sorcières ». On dit aussi qu'elles se réunissaient en haut des collines, où elles faisaient de grands feux et s'adonnaient à de folles danses. L'imagination n'a jamais manqué quand il s'agissait des sabbats.

Cette nuit est également appelée « nuit de Walpurgis », d'après une fête d'origine germanique célébrée dans une grande partie de l'Europe centrale et du Nord. Elle marquait la fin de l'hiver, du froid et avait pour vocation de conjurer les démons.

On célébrait la Nuit de Walpurgis par des danses, des rituels, des chants et des feux de joie. Et pour cette occasion, on fabriquait des poupées de paille à l'effigie des sorcières prétendument mauvaises, que l'on les jetait dans les flammes comme pour conjurer le mauvais sort.

Lors de ce cette nuit magique, on honore le monde des fées, des lutins et des esprits, aussi appelé « petit peuple de la nature ». On honore toutes ces créatures en leur faisant des offrandes de fleurs, de biscuits à l'avoine ou de lait et de miel, dont les fées raffolent. Mais on essaie aussi simplement de communiquer avec elles en se rapprochant un peu plus des mystères et de la sagesse de la nature et de son peuple.

**LES ESPRITS DE LA FORÊT**

Nombreuses sont les légendes et les traditions à travers le monde qui évoquent les esprits de la forêt. On en trouve dans les traditions celte, nordique et scandinave. Pour certaines personnes, il s'agirait d'anciens druides, de divinités païennes ou encore simplement des esprits de la nature.

Ce petit peuple est lié aux élémentaux, c'est-à-dire aux quatre éléments (l'Air, le Feu, l'Eau et la Terre), et aux esprits de la nature (végétaux, arbres, animaux, pierres, plantes...).

......

......

Le rôle des esprits de la forêt est d'accompagner le cycle des saisons, d'assurer le cycle de vie-mort-renaissance et ainsi d'en préserver l'harmonie. La plupart du temps, ils ne sont pas visibles des humains. L'idée n'est pas tant de les voir, mais plutôt de les reconnaître et de les honorer. Parmi eux, on trouve les elfes et les fées, associés généralement aux rites de passage et aux initiations. Les trolls sont reliés aux petits tas de pierres que l'on trouve dans la forêt ou sur les sentiers. Les gnomes sont reliés à l'énergie de la terre, ils aident les animaux blessés à guérir. Dans la culture celte, les korrigans sont des nains aux pouvoirs ensorceleurs. Ils se trouvent dans les grottes, les dolmens, mais aussi les sources et les fontaines. Les salamandres, quant à elles, sont reliées au feu, à l'audace et à la joie. Les ondines trouvent leur origine dans les nymphes antiques, dans l'image des sirènes. Elles sont reliées aux eaux douces. Les sylvestres habitent les arbres et provoqueraient l'écho que l'on peut entendre dans la montagne.

## La reine de Mai

La reine de Mai est une jeune femme incarnant les énergies de Beltane. C'est lors de la nuit de ce sabbat que, endormie pendant l'hiver, elle revient pour annoncer l'été et épouser le dieu Soleil.

Elle incarne le sacre du printemps, la fertilité de la nature et la saison des amours. Elle porte traditionnellement une robe blanche et une couronne de fleurs sur la tête en hommage à Flora. Elle peut présider des cérémonies, des processions, être à la tête d'une parade ou faire un discours pour inaugurer la saison claire. La reine de Mai est parfois accompagnée du roi de Mai.

Ensemble, ils représentent la complémentarité du féminin et du masculin, le couple du Dieu et de la Déesse.

## L'aubépine, la fleur des fées

L'aubépine est une fleur sacrée qui serait particulièrement appréciée des fées, dont on entendrait les murmures à travers ses fleurs. Traditionnellement, c'est à Beltane et seulement à ce moment de l'année que la cueillette de l'aubépine est autorisée.

Avec le chêne et le frêne, l'aubépine fait partie de la triade magique des arbres préférés des druides.

De nombreuses traditions relatent que lorsqu'on cueille des fleurs d'aubépine, il faut veiller à déposer en échange un peu de lait ou une autre offrande à son pied afin d'honorer l'esprit de la plante. J'ai la chance d'avoir cet arbre magique dans mon jardin et régulièrement, je dépose un peu de lait d'avoine avec du miel ou d'autres libations[27].

27. Une libation était, dans l'Antiquité, une offrande rituelle à une divinité sous forme de liquide (vin, huile), que l'on répandait sur le sol ou sur un autel.

Lors de la nuit de Walpurgis, certaines sorcières passaient la nuit dans la forêt pour en ressortir au petit matin avec des couronnes d'aubépine dans les cheveux.

Certains disent que les sorcières se réincarnent en aubépine. Quoi qu'il en soit, c'est un arbre sacré, représentant la fertilité. Ses fleurs, ses rameaux et ses fruits sont utilisés en phytothérapie depuis l'Antiquité. Ils protègent de la dépression et favorisent le bon fonctionnement du système cardiaque.

### Le muguet de mai

Le muguet est la fleur du 1er mai par excellence. Il représente l'amour et la fertilité, la renaissance de la nature. Ses cascades de clochettes rappellent les vêtements des fées de cette période de l'année très propice à la magie féerique.

Le muguet a une aura mythique depuis l'Antiquité. À Rome, il faisait partie des offrandes que l'on faisait à Flora lors des jeux floraux, les *ludi florales*. Selon la mythologie grecque, il aurait été créé par Apollon pour en tapisser le mont Parnasse et ainsi préserver les pieds délicats de ses neuf Muses.

Pour les chrétiens, le muguet serait né des larmes de Marie au pied de la croix. Le muguet est d'ailleurs parfois appelé « larmes de la Madone ».

Les noces de muguet célèbrent les treize ans de mariage, chiffre sacré pour les sorcières. On dit aussi que lorsqu'un brin de muguet comporte 13 clochettes, le bonheur est assuré pendant une année.

En France, la tradition d'offrir du muguet début mai vient de la Renaissance, où on en offrait aux dames de la cour en guise de porte-bonheur. La tradition s'étiola quelque peu avant de refaire surface à la Belle Époque.

C'est une fleur très toxique, veillez à ce que vos animaux ne s'en approchent pas trop, et à ce qu'ils ne boivent pas l'eau contenue dans le vase.

## PLEINE LUNE DES FLEURS

La Pleine Lune des fleurs, connue aussi sous le nom de « Pleine Lune du lièvre », ou de « Lune des plantations », est empreinte d'une énergie forte et intense, hautement positive, une énergie d'amour.

C'est un bon moment pour se relier à l'énergie tellurique, pour ressentir sa force et sa puissance, juste sous nos pieds.

Elle est reliée à l'éclosion et l'épanouissement de la nature. Les plantes médicinales ramassées cette nuit-là voient leurs vertus thérapeutiques et leurs propriétés magiques décuplées.

Cette lune est associée au lièvre car elle représente la fertilité sous toutes ses formes. Il symbolise aussi l'harmonie entre les mondes.

Cette pleine lune de mai nous invite à affiner notre écoute subtile pour davantage écouter avec le cœur. Elle nous invite à décrypter le langage des plantes, des pierres, des arbres, des animaux.

Le parfum de cette Lune des fleurs nous embaume et nous transporte, laissons-le nous aider à nous accomplir, à nous révéler et à nous épanouir.

C'est aussi une lune qui favorise l'intuition et le développement de notre sixième sens.

**LE LANGAGE DES FLEURS**

Anémone : persévérance
Bleuet : timidité
Bruyère : force
Camélia : fierté
Clématite : désirs
Jasmin : amour, volupté
Lilas : amitié sincère
Lis : pureté, majesté
Marguerite : confiance, magie des fées
Glycine : tendresse
Pivoine : sincérité
Romarin : cœur heureux
Rose : amour, amitié

## ✳ ACTIVITÉS ✳

- Confectionner des bouquets, des couronnes ou des compositions faites de fleurs.
- Se rapprocher des sources d'eau (rivière, mer, ruisseau, pluie…) pour jouir de leurs vertus.
- Faire des offrandes.
- Décorer sa maison et son autel avec des fleurs de saison.
- Nettoyer et purifier sa maison.
- Prendre un bain magique (voir « Rituel : bain magique et alchimique », p. 157).
- Faire du vin de mai ou un champagne des fées (voir « Recette magique : le champagne des fées », p. 156).
- Faire l'amour en conscience, essayer le *slow sex*.
- Se connecter au monde des fées, affiner sa connexion aux esprits de la forêt.
- Faire des vœux, puis sauter par-dessus un feu ou un balai pour amplifier leurs chances de se réaliser.
- Cuisiner des gâteaux à base d'avoine.
- Danser autour de l'arbre de mai.
- Pratiquer la divination.
- Récolter la rosée du matin.
- Admirer et respirer l'odeur des fleurs, jardiner.

- Visiter des puits ou des eaux thermales.
- Pratiquer le rituel du *handfasting*.
- Créer un charme d'engagement vers le Dieu et la Déesse.

## Recette magique : le champagne des fées

Comme son nom l'indique, le champagne des fées est une boisson appréciée par les fées. C'est une recette de saison[28], de fête, pour célébrer l'éclosion, les fleurs, les mariages…

*Ingrédients :*

- 10 à 15 ombelles[29] de fleurs de sureau noir (attention, l'autre espèce de sureau est toxique) fraîchement cueillies ;
- 2 litres d'eau minérale ou de source non gazeuse ;
- 200 grammes de sucre de canne non raffiné ;
- 2 citrons bio ;
- 1 ou 2 dattes.

*Préparation :*

- Égrenez les fleurs, retirez les tiges pour ne garder que les fleurs de sureau.

28. Le vin de mai est également une boisson qui célèbre la vie, la fertilité et l'abondance. C'est un vin blanc macéré à partir d'aspérule odorante ou d'autres fleurs comme le sureau. On l'agrémente de tranches de citron, de fraises ou d'autres fruits de saison et d'un peu de miel (selon vos goûts et convictions).
29. Inflorescences dans lesquelles les fleurs, petites et nombreuses, sont toutes dans un même plan horizontal, portées par des pédoncules partant tous du même point de la tige.

- Puis mettez-les dans un grand bocal en verre ou une fontaine à eau de 2 litres.
- Ajoutez le sucre, l'eau, les dattes et les citrons coupés en fines tranches avec leur peau.
- Couvrez avec un linge, refermez avec un élastique.
- Laissez macérez trois à cinq jours sur le rebord d'une fenêtre en remuant deux fois par jour dans le sens solaire (de gauche à droite). Quand les bulles se présentent à la surface, c'est presque prêt !
- Filtrez, puis versez dans une bouteille en verre bien hermétique. Attendez encore quinze jours pour savourer ce breuvage à déguster bien frais.

## RITUEL
### Bain magique et alchimique

Le bain rituel de plantes et de fleurs permet de nous connecter à leur magie par notre corps physique et d'ainsi nous purifier.

Pour commencer, préparons l'espace en faisant brûler des plantes ou de l'encens. De cette manière, en plus de purifier la pièce, nous invitons l'énergie de l'Air.

Allumons une bougie afin d'honorer le Feu.

Choisissons nos plantes en fonction de nos ressentis (voir l'encadré « Plantes magiques », p. 80). Nous pouvons utiliser de la lavande purifiante, mais aussi de la verveine ou encore de la menthe poivrée.

Faisons bouillir les plantes ensemble, hormis les pétales, puis laissons-les infuser quelques minutes.

Nous ajouterons à l'eau du bain[30] une poignée de sel d'Epsom et une poignée de bicarbonate de soude, ainsi que des pétales de roses fraîches.

Entrons lentement, en conscience, dans le bain sacré.

Posons l'intention d'harmoniser nos polarités intérieures.

Fixons un instant la flamme de la bougie, puis connectons-nous à notre feu intérieur, notre force de vie yang. Ressentons-la dans notre corps, dans notre ventre.

Ensuite, ressentons l'énergie de l'eau. Laissons aller nos émotions, honorons notre principe féminin, notre yin.

Demandons à l'énergie des plantes de nous aider à alchimiser ces deux principes à l'intérieur de nous. Visualisons le mariage alchimique de nos polarités et le sceau de Salomon[31] si nous le souhaitons. Ressentons-les dans toutes nos cellules.

Restons autant de temps que nécessaire dans ce bain sacré.

30. Si vous n'avez pas de baignoire, vous pouvez faire une eau de rinçage avec le mélange des plantes, du sel et des fleurs ou l'insérer dans un gant de toilette et vous frotter le corps avec.
31. Hexagramme à six branches aussi appelé « bouclier de David » ou « étoile de David » (voir l'encadré « Le sceau de Salomon », p. 141).

Quand nous sentirons que c'est le bon moment, remercions la médecine des plantes et les quatre éléments pour leur présence lors de ce rituel.

## MA CÉLÉBRATION
## « La fête du Wesak », par Cosette Marie

« Chaque année, au moment de la Lune de Wesak, je me rends avec mon groupe de yoga à la chapelle du mont du Chat, qui surplombe le lac du Bourget, en Savoie.

La fête du Wesak est non seulement une fête bouddhique majeure, mais c'est aussi le moment de l'année où les énergies bouddhique et christique se rencontrent, c'est un moment privilégié de communication entre ce qui est en haut et ce qui est en bas. Les énergies de lumière inondent et bénissent la terre lors de la pleine lune de mai.

Ce jour-là, je me lève à 5 heures du matin afin de recevoir et d'honorer ces énergies hautement spirituelles. Nous nous rendons à la petite chapelle en pierre blanche. Après avoir contourné le petit portail en fer forgé et ses trois petites marches, nous nous installons à l'extérieur de la chapelle, mais sous sa protection.

En admirant le lac en contrebas et le mont du Revard en face, nous attendons que le soleil se lève sous le regard bienveillant de la lune.

Lorsque les premiers rayons du soleil apparaissent, je sens en moi monter une énergie qui irradie tout autour. Une énergie d'amour pur, je sens mon cœur s'ouvrir.

Nous offrons une salutation au soleil par des pratiques de yoga. Ensuite, je me sens légère, vivante, en communion avec le groupe et tout ce qui m'entoure, avec ce sentiment grisant d'appartenir au Grand Tout. »

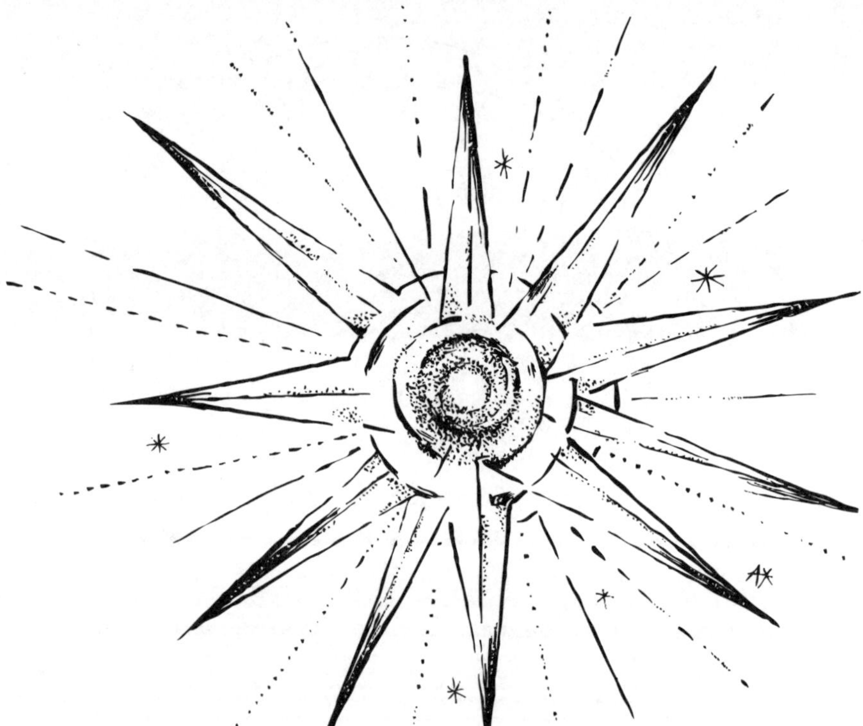

# LITHA

21 juin

**SOLSTICE D'ÉTÉ**

*« En faisant scintiller notre lumière, nous offrons aux autres la possibilité d'en faire autant. »*

Nelson Mandela

**Énergies :** abondance, guérison, lumière, manifestation, plantes sorcières, yang, solstice d'été

**Plantes :** millepertuis, armoise, verveine, chèvrefeuille

**Arbres :** chêne, sorbier, noisetier

**Encens :** lavande, jasmin, santal

**Cristaux :** jade, citrine, œil-de-tigre, améthyste

**Couleurs :** or, jaune, rouge, orange, vert

**Rituels :** créativité, abondance, prospérité, amour, relations, confiance en soi

## Le pouvoir de la lumière

Litha est dans l'hémisphère Nord un passage situé à mi-chemin entre l'équinoxe de printemps et celui d'automne. C'est aussi le jour le plus long de l'année, le jour du solstice d'été.

Litha a lieu aux alentours du 21 juin, c'est un « festival du feu » annonçant l'été même si dans la culture païenne ce sabbat, parfois surnommé *midsummer*, correspond plus aux énergies du milieu de l'été qu'à celles de ses prémices.

L'été, tout est plus intense, la nature est exaltée, les vérités comme les peaux sont mises à nu. Le soleil éclaire nos pensées, nos corps et nos cœurs. Tout est désormais plus limpide, plus évident.

Depuis l'Antiquité, le solstice d'été donne lieu à des cérémonies et à des cultes riches de sens et de symboles qui célèbrent la lumière, l'amour, la croissance, la fertilité et les nouvelles opportunités.

Pour les Celtes, le moment où l'on célèbre la puissance du Soleil signe aussi le déclin du Roi Chêne (lumière) et la victoire du Roi Houx (obscurité), qui à partir de Litha régnera jusqu'au solstice d'hiver. En effet, dès le lendemain du solstice, les jours vont commencer à décliner. Mais cela ne gâche en rien les énergies d'abondance et la lumière qui nous sont offertes.

Lors du solstice d'hiver, nous avons goûté au silence de la Terre, nous avons exploré nos mondes souterrains pour peu à peu, pas à pas, éclore et venir toucher la lumière. Litha symbolise cette lumière. Une lumière d'expansion, symbole de la manifestation de nos désirs.

Ce n'est pas un hasard si le solstice d'été est associé à la fête de la musique car c'est une fête de joie.

## La magie à son apogée

On honore la nature, on célèbre la connexion avec l'invisible lors de rituels. On célèbre la vie sur Terre et les liens autour des plaisirs de la table, mais aussi par des chants et des danses.

Lors de la nuit de Litha, la magie est partout, chaque pétale, chaque tige, chaque herbe sauvage est vibrante, enchanteresse.

Au moment où le soleil est à son apogée dans le ciel, la magie des plantes atteint elle aussi son climax sur la terre. C'est le moment de cueillir les plantes médicinales, comme le millepertuis couleur du soleil ou encore l'armoise, plante sorcière aux nombreuses vertus. On en brûle également dans de grands feux de joie purificateurs.

## Rencontrer le soleil

Le soleil est une médecine ancestrale et puissante. La meilleure façon de profiter de son énergie, de se recharger, est d'entrer directement en contact avec.

Quelques minutes suffisent si on y met de la conscience. Les bains de soleil font partie de mes rituels préférés. Quel bonheur intense de sentir son corps fusionner avec l'énergie chaude, enveloppante et énergisante du soleil.

Dès que vous en avez l'occasion, allongez-vous ou asseyez-vous au soleil. Déshabillez-vous si vous le pouvez ou remontez simplement vos manches, puis fermez les yeux. Ressentez la chaleur sur votre visage et à l'intérieur de votre corps. Recevez la lumière solaire. Laissez-la entrer un peu plus en vous à chaque inspiration.

Offrez-vous au soleil.

Ressentez cette énergie de vie vous envahir et infuser à l'intérieur de chacune de vos cellules.

Absorbez l'énergie, la lumière vous est offerte de façon illimitée.

Mettez de l'attention sur vos ressentis, pensées et émotions. Soyez attentif aux messages provenant de la lumière solaire. Ils peuvent aussi être les messages de votre inconscient qui remontent à la lumière.

Vous pouvez dire dans votre tête ou à haute voix :

*Dieu Soleil, lumière divine, remplis-moi*
*de ton énergie d'abondance.*
*Remplis-moi de force et de joie.*
*Fortifie ma santé et donne vie à mes projets,*
*nourris ma divine créativité. Merci.*
*Qu'il en soit ainsi.*

## L'ÉLÉMENT FEU

Le Feu est un élément sacré et vénéré dans beaucoup de traditions. Il occupe une place importante dans tous les sabbats ; symbole de vie et de transformation, il est toujours considéré comme sacré.

En Grèce antique, il est un symbole de passion et d'énergie. Dans la culture traditionnelle chinoise, il représente le yang et a le pouvoir de purifier. Pour les Celtes, il est source de la transformation spirituelle et représente l'énergie du monde. Pour les Aztèques, il symbolise les sept phases du développement de l'âme.

Pour tous, le Feu est un médium sacré permettant de communiquer avec le Grand Esprit, la Source, le Grand Tout. En allumant un feu ou une bougie au centre d'un cercle de pierres, en lui offrant des chants et des prières ainsi que du tabac ou des herbes sacrées, la magie du Feu se révèle. On reçoit alors les messages de l'invisible sous forme de visions et d'images dans une spirale de fumée. Cela encourage notre intuition et nous offre l'opportunité d'y voir plus clair.

Le Feu a le pouvoir de purifier, mais aussi de stimuler notre créativité sacrée et de nous mettre en mouvement. Il apaise l'esprit et muscle notre détermination.

## Révéler son yang

À l'inverse de la saison sombre, imprégnée par le yin, la saison claire est plutôt placée sous l'égide du yang. Et si le yin est notre capacité à se laisser ensemencer, à recevoir des visions, le yang est le mouvement qui permet l'action et leur réalisation.

Le soleil, symbole yang, représente le principe masculin, le père. C'est une figure d'autorité importante qui, lorsqu'on est adulte, se trouve à l'intérieur de nous afin de nous aider à nous structurer, à poser nos limites. En astrologie, il correspond à notre véritable personnalité, celle que peu à peu nous osons révéler et mettre en lumière.

Au moment du solstice, l'énergie solaire connaît son apothéose, elle nous aide et nous encourage à nous mettre en mouvement, à avoir le courage et l'élan de développer nos projets, à rééquilibrer nos polarités. L'été est une invitation à oser briller et se révéler dans sa pleine lumière.

## Le temps de la manifestation[32]

La Roue de l'année peut aussi être perçue comme étant les différentes étapes de la manifestation. Avant d'en arriver à cette étape-là, il nous a fallu découvrir nos failles et nos blessures. Nous avons, avec l'hiver, plongé dans nos ombres. Après un temps de purification lors d'Imbolc, nous avons

32. On parle beaucoup de « manifestation » dans le domaine de la spiritualité. La manifestation est l'acte de rendre concret, de faire naître dans la matière ce qui naît dans notre esprit. Il s'agit de réaliser nos rêves et nos envies, concrètement, dans la vraie vie.

fait un pas supplémentaire vers notre guérison en faisant le point sur nos envies et aspirations profondes. Puis, nous avons planté des graines, formulé des vœux, transformé nos croyances lors de l'équinoxe de printemps. À Beltane, nous avons donné de l'énergie à nos souhaits, encouragé et célébré notre éclosion. Et à l'heure de Litha, nous voilà prêt à toucher nos rêves, à les voir exister dans la matière, à les manifester.

Délivré, libéré, nous pouvons enfin nous concentrer sur ce que nous voulons pour de vrai. Et surtout nous l'autoriser, peut-être pour la première fois de notre vie.

Il s'agit non pas de l'imaginer comme quelque chose de flou, de lointain ou d'inaccessible, cette vie de rêve qui est notre droit, mais au contraire comme quelque chose qui est déjà là. Il faut visualiser en ressentant de la gratitude pour ce rêve qui est devenu réalité. Ce qui vit déjà à l'intérieur de nous va se manifester à l'extérieur.

Si vous aviez déjà ce nouveau travail, mari, salaire, lieu de vie, etc., comment vous sentiriez-vous ? Quelles seraient vos principales émotions ? Comment vivriez-vous ? Imaginez les moindres détails, vos tenues, le décor autour de vous, les odeurs, les couleurs. Ressentez-les.

Ressentez-les avec votre corps, avec vos sens afin d'y donner corps.

La magie de la visualisation réside entre autres dans le fait que le cerveau ne distingue pas l'imagination de la réalité. Imaginer et ressentir, c'est donc attirer à soi, manifester une réalité consciemment voulue. Et n'oubliez que nos désirs sont une voie d'accomplissement, certainement la plus joyeuse et fluide qui soit.

En suivant vos désirs, vos envies, en les visualisant et aussi en remerciant pour ce que l'on a déjà, on ne peut s'attirer que de grandes et belles choses. Ensuite, il nous faut lâcher prise sur le comment, mais rassurez-vous, l'Univers s'en chargera. Faites-lui confiance, faites-vous confiance.

Le temps des récoltes viendra avec les sabbats de Lughnasadh, Mabon et Samhain avant que la Roue ne tourne à nouveau dans son cycle éternel.

**LA LOI D'ATTRACTION**

La loi ou la force de l'attraction consiste à attirer les pensées et émotions qui vivent en nous, y compris celles que l'on refoule. Ces dernières ont d'autant plus d'énergie puisqu'elles sont enfouies, elles ont donc plus de pouvoir et d'attraction. Ainsi, elles se manifestent allègrement dans nos vies, parfois telle une boucle ou autant de schémas répétitifs que certains les prennent pour une malédiction.

Ce que l'on porte à l'intérieur de nous se manifeste dans les diverses situations de notre vie.

C'est pour cela que le *shadow work*, le « travail sur l'ombre », est si important avant de pouvoir briller et manifester sa vie rêvée.

## ✳ DIVINITÉS ✳

- Mithra, dieu romain de la Lumière des astres, le Soleil, brillant et invincible.
- Sunna ou Sol, déesse du Soleil dans la mythologie nordique. Elle est représentée dans un char tiré par deux chevaux d'or.
- Inti, dieu Soleil tribal des Incas.
- Rê (ou Râ), dieu égyptien illustré avec un disque solaire. Il est le créateur de l'Univers. Il fut plus tard associé à Horus et à Amon. Amon-râ est un dieu solaire créateur.
- Amaterasu, déesse du Soleil, divinité majeure de la religion shintô.
- Tonatiuh, dieu aztèque du Soleil.
- *Ekhi* signifie « le soleil » en langue basque. Cette déesse est considérée comme la fille de la Terre ou comme la grand-mère du Vivant.

## ✳ HISTOIRES ET TRADITIONS ✳

### Les feux de la Saint-Jean

À l'origine, les feux de la Saint-Jean étaient comme beaucoup de nos traditions actuelles un rite païen. Au Moyen Âge, on allumait des feux à la croisée des chemins pour éloigner les mauvais esprits et les mauvaises sorcières.

On faisait aussi brûler des ossements d'animaux que l'on plaçait près des points d'eau comme les fontaines ou les puits afin d'empêcher des animaux porteurs de maladies de les contaminer.

Les druides lançaient des roues enflammées depuis le sommet des collines. On raconte aussi que les sorcières dansaient toute la nuit autour de ces feux de joie. On y faisait brûler des plantes pour chasser toute négativité, mais aussi les plantes que l'on n'avait pas utilisées dans l'année.

Les cendres de ces feux sacrés étaient conservées car elles préservaient de la foudre et du tonnerre, dont la violence peut être dévastatrice et mettre en péril les récoltes à venir.

L'Église catholique a d'abord cherché à interdire ces fêtes qualifiées de diaboliques avant de les christianiser tout en condamnant ces feux de joie sacrilèges.

La fête de la Saint-Jean avait lieu le jour ou la veille du solstice d'été. Elle fut ensuite rapprochée de la saint Jean-Baptiste, le 24 juin.

### Midsummer

Dans les pays d'Europe du Nord et les cultures scandinave et balte, on allume des feux pour Midsummer, le milieu de l'été. En Suède, Midsommar est davantage célébrée que la fête nationale, on célèbre la douceur des jours d'été.

Cette période est connue pour les pouvoirs des plantes exaltées par le soleil servant autant à la guérison qu'à la divination.

Les jeunes filles devaient cueillir dans un silence total sept fleurs d'espèces différentes et les placer sous leur oreiller afin de voir apparaître dans leur songes leur futur mari.

Et comme pour chaque sabbat, les grandes fêtes se célèbrent aussi autour de la table. Le buffet suédois est composé de pommes de terre nouvelles à l'aneth, de gravlax de saumon, de harengs marinés, de boulettes de viande ; sans oublier l'incontournable aquavit. Car la fête se fait aussi en chantant. À chaque toast d'aquavit, sorte d'eau-de-vie typique des pays scandinaves, on chante un nouveau chant. Le festin se termine traditionnellement par des fraises. Les festivités se poursuivent au jardin par des jeux, les *femkamp*, auxquels participe toute la famille.

### Vézelay la lumineuse

Si vous vous rendez à la basilique de Vézelay, dans le département de l'Yonne, lors du solstice d'été, vous pourrez découvrir le sublime chemin de lumière.

Lors du solstice, le soleil dessine dans l'allée centrale de la nef un somptueux chemin de lumière accompagné d'une danse faite d'ombres sur les vieilles pierres conduisant jusqu'à l'autel, lui aussi baigné de soleil.

La basilique, comme beaucoup de lieux sacrés, a été construite en fonction de la course du soleil, du cycle de la vie. Lors des solstices d'été et d'hiver, une divine lumière resplendit.

## Saluer le Soleil à Stonehenge

Sur le mystique site mégalithique de Stonehenge, « pierres suspendues » en anglais, situé dans le comté de Wiltshire au Royaume-Uni, sont érigés des menhirs en équilibre ainsi que des pierres de forme circulaire datant du Néolithique.

Chaque année, des milliers de personnes se réunissent sur ce site sacré pour célébrer le solstice et admirer le lever ou le coucher du soleil. Le jour de Litha, lorsque l'on regarde le soleil depuis la pierre centrale, l'astre se lève exactement au-dessus de Hell Stone, une pierre réputée magique.

Ces cercles de pierres géantes dressées vers le ciel, classés au patrimoine mondial de l'Unesco, sont empreints de mythes et de mystères. Certains cercles remontent à l'âge de bronze. La provenance et l'acheminement de certaines pierres, comme les *bluestones*, qui viendraient du sud-ouest du pays de Galles, restent une énigme encore non résolue. Il en est de même pour les diverses fonctions qu'avait Stonehenge. On a retrouvé des ossements et de nombreux trous dans la terre depuis lesquels étaient érigés des poteaux.

Des gens importants, des rois et des reines auraient été enterrés dans ce sanctuaire préhistorique. On y faisait aussi des sacrifices. Le site a été utilisé longtemps par les druides celtes pour leurs cérémonies et les cultes voués au soleil et aux saisons.

## Le jour de Kupala

Dans la culture slave, la célébration du solstice est appelée « jour ou nuit de Kupala », « jour d'Ivan Kupala » ou encore « Sobótka » en Pologne.

La coutume veut qu'à la tombée du jour on allume des feux et on se baigne dans des étendues d'eau. Ensuite, on chante et on danse autour de l'arbre de vie, un poteau érigé pour l'occasion.

À minuit, les célibataires courent en direction de la forêt pour trouver des fleurs de fougère, une fleur légendaire de la mythologie slave et balte qui ne fleurirait que cette nuit-là. Elle permet de prédire le destin, de soigner les maladies incurables, de comprendre le langage des animaux, des arbres, des végétaux et de lire dans les pensées et dans le cœur des gens. Ceux qui trouvent la fleur voient tous leurs vœux exaucés.

Sur les lacs et rivières, des jeunes femmes en robe blanche font flotter des fleurs et des bougies. Elles y déposent aussi des couronnes de fleurs qu'elles ont elles-mêmes confectionnées. Si la couronne est emportée par le courant, elle arrivera jusqu'au futur bien-aimé…

Les couples déjà formés sautent par-dessus les feux main dans la main afin de préserver et de protéger leur union.

**LES SIMPLES**

Ce que l'on nomme les « simples » ou « simples médecines » sont les plantes aux vertus médicinales. Cette appellation date du Moyen Âge. La plupart sont aussi des plantes bien connues des sorcières et sont utilisées sous différentes formes (huile, tisanes, offrandes, etc.) lors de la célébration des sabbats.

## PLEINE LUNE DE MIEL

La Pleine Lune de miel symbolise l'union, la douceur et les liens du cœur. Elle est connectée à l'énergie de la terre, à son abondance, à son effervescence qui nous pousse vers l'élévation de nos consciences.

C'est une lune charnelle qui nous montre que l'engagement et le plaisir font partie de la spiritualité. Une spiritualité vivante et incarnée, respectueuse, vouant un culte au corps, à nos terres et à notre Terre Mère. Tous les actes d'amour voués au plaisir et à l'amour sont des rituels.

Appelée aussi « Lune des fraises », elle marque la saison de la cueillette des fraises en Amérique du Nord.

Cette lune célèbre l'union et ce qui nous rassemble au-delà de nos différences.

Elle met aussi l'accent sur notre puissance personnelle. Elle nous autorise et nous incite à briller de mille feux comme le soleil. Elle nous encourage à ne plus avoir peur de notre pouvoir et à nous le réapproprier.

Confions au feu ce qui entrave notre expansion, demandons à la Lune et au Soleil de guider nos pas, d'équilibrer nos forces.

Cette pleine lune emplie d'énergie solaire nous invite à renouer avec notre instinct, à faire confiance à notre intuition afin de (re)devenir des femmes libres, sauvages et créatrices. Des sorcières de lumière, gardiennes du Vivant.

## ✳ ACTIVITÉS ✳

- Faire sécher des fleurs pour des tisanes.
- Faire un feu ou allumer des bougies.
- Confectionner du miel ou des huiles à base de plantes.
- Faire brûler de la sauge, du thym, du millepertuis, de l'armoise ou de la lavande.
- Préparer des tartes ou des gâteaux aux fruits.
- Cueillir des plantes médicinales, faire des couronnes de fleurs.
- Pratiquer la divination.
- Faire des offrandes aux fées et aux divinités.
- Dessiner des symboles solaires : des cercles, des roues, des spirales, des soleils…

- Fabriquer une baguette en noisetier, arbre lié à la magie solaire.
- Se nourrir de fruits, de légumes mûris au soleil, de graines gourmandes et agrémenter les salades et les plats d'herbes fraîches telles que le basilic, la menthe ou l'aneth.
- Faire des pique-niques dans la nature ou dans un parc.
- Prendre le soleil, danser, chanter, partager des repas.
- Profiter.

## ✳ LA MAGIE DES PLANTES ✳

Les huiles à base de plantes comme les macérats huileux permettent de profiter de leurs vertus autant que de leur magie. S'enduire d'huile est un rituel ancestral pratiqué à travers le monde.

Les huiles ont de nombreuses vertus et diverses fonctions : huile d'onction, de consécration, de purification, de bénédiction pour les rites de passage…

Appliquée sur le corps, l'huile parfumée est un trait d'union entre l'intérieur et l'extérieur, la nature et le corps, la terre et le ciel. Elle enveloppe l'aura de magie. La peau est notre lien avec le monde, s'enduire le corps d'huile, une façon de communiquer avec lui.

## Huile rituelle : l'huile de millepertuis

Le millepertuis est la plante star du sabbat de Litha. Depuis l'Antiquité, il est de coutume de la ramasser à ce moment-là, lorsque la chaleur du soleil au zénith exalte généreusement ses pouvoirs magiques.

Le millepertuis est réputé pour ses vertus anxiolytiques. Il apaise l'esprit, chasse la négativité, calme les brûlures, favorise la cicatrisation des tissus. Il soulage également les rhumatismes, est anti-inflammatoire.

*Ingrédients et ustensiles :*

- 3 grosses poignées de fleurs de millepertuis ;
- 50 centilitres d'huile d'olive extra-vierge bio ou d'huile végétale (sésame, amande douce, jojoba...) ;
- 13 gouttes d'huile essentielle de lavande fine (facultatif) ;
- 1 bocal en verre ;
- 1 carré de gaze ;
- 1 élastique ou 1 cordon.

*Préparation :*

- Attendons la nuit du solstice ou la matinée qui suit (qui sont les moments les plus propices), après que la rosée a disparu, pour aller à la cueillette des fleurs de millepertuis.
- Puis faisons-les sécher dans un endroit ventilé – pas en plein soleil car cela les abîmerait. Nous pouvons aussi

en trouver des déjà sèches dans une herboristerie ou une épicerie biologique.

- Une fois qu'elles sont bien sèches, mettons les fleurs dans le bocal en verre.
- Versons l'huile extra-vierge bio de notre choix jusqu'à ce que toutes les fleurs soient recouvertes.
- Fermons le bocal avec le carré de gaze et un cordon ou un élastique.
- Laissons macérer pendant un peu plus d'une lunaison (entre cinq et six semaines), afin que la magie lunaire fusionne avec la magie solaire.
- Nous pouvons ajouter quelques gouttes d'huile essentielle de lavande fine pour profiter de ses vertus cicatrisantes et de son agréable odeur.
- Attention, le millepertuis est photosensible, il ne faut surtout pas utiliser cette huile au soleil. Il est donc préférable de l'appliquer le soir. Elle remplace à merveille un soin hydratant ou un sérum, apaise les brûlures et coups de soleil, soulage les douleurs musculaires et les hématomes. On peut également enduire nos bougies de cette huile, lors de rituels liés à l'abondance, par exemple.

### Plantes magiques de Litha

- La verveine, aussi appelée « plante des sorcières » ou « larmes de Junon ».

- Le sorbier pour la protection.
- Le millepertuis pour protéger sa maison et attirer à soi de belles énergies.
- Le romarin, très apprécié par les fées.
- Le souci, appelé aussi « épouse du soleil ».
- La lavande pour la paix et la magie amoureuse.
- L'armoise ou herbe d'Artémis, que l'on fera brûler dans le feu de joie ou qui sera une aide précieuse à la divination ou aux rêves divinatoires.

## ✳ ODE À L'ÉTÉ ✳

*Sentir l'odeur des fleurs exaltées par le soleil,*
*de la terre humide après l'orage.*
*Marcher sur les rochers brûlants*
*aux tons vermeilles.*
*S'habiller de rien, arrêter d'être sage.*
*Nager nu dans les eaux bleues*
*de la Méditerranée.*
*Se délecter de fruits frais, juteux et colorés.*
*Goûter à la profonde légèreté,*
*les cheveux libres,*
*au gré du vent de l'instant présent.*

*S'enivrer de la fraîcheur de l'aube,*
*et des ciels étoilés.*
*Le goût du sel sur ta peau halée,*
*nos cœurs réchauffés et attendris*
*débordant de sensualité.*
*Sous le soleil du solstice,*
*c'est notre propre lumière que nous rencontrons.*
*La musique de nos émotions,*
*le souffle de notre âme,*
*sont le moteur de nos plus belles actions.*
*L'été est la saison de la sensorialité,*
*du culte des sens qui a du sens.*
*Une aventure sensuelle à la rencontre*
*de son essence.*

---

## RITUEL CRÉATIF
### L'oreiller à rêves

Lors de la nuit magique de Litha, le voile entre les mondes est mince. Une légende dit que si on marche accidentellement sur du millepertuis ce soir-là, on peut se retrouver dans le monde des fées.

Nos sens sont exacerbés, soyons à l'écoute des nombreux messages de la nature, ils sont porteurs de sagesse tout comme le sont nos rêves. Afin de nous rappeler les précieux messages de nos songes, réalisons un oreiller à rêves.

*Ingrédients et matériel :*

- 1 petite poignée d'un mélange de fleurs de lavande, de pétales de rose, d'armoise, de feuilles de chêne, de fleurs de camomille ou de calendula (souci)… Il est préférable d'utiliser des fleurs sèches ;
- 1 carré de tissu ou 1 petit sac avec un cordon coulissant ;
- 1 aiguille ;
- du fil rouge ou 1 ruban ;
- 1 bougie.

*Déroulement :*

- Pour commencer, allumons une bougie en l'honneur du soleil.
- Mettons nos herbes sacrées, qui favorisent la divination par le rêve, au centre de notre carré de tissu.
- Plions le carré en deux et cousons les bords avec le fil rouge en partant du bas d'un des côtés jusqu'en bas de l'autre côté. Nous pouvons aussi replier les bords et les attacher à l'aide du ruban à la façon d'une bourse ou d'une aumônière ou utiliser notre petit sac à cordon coulissant.
- Lorsque l'oreiller à rêves est correctement refermé, exposons-le quelques heures à la lueur du soleil, le jour du solstice ou ceux qui le précèdent.

Le soir, déposons-le sous notre oreiller pour un sommeil paisible et prophétique.

## MA CÉLÉBRATION
## « L'énergie du solstice », par Samuel

« Le jour du solstice ou dans les jours avoisinants, je choisis un objet personnel comme un bijou ou un objet auquel je tiens beaucoup, ça peut être aussi une pierre. Ensuite, je le laisse toute la journée au soleil pour qu'il soit chargé par l'énergie solaire sacrée et m'accompagne toute l'année.

Dans les moments difficiles, qui représentent un défi ou lorsque je doute de moi ou que j'ai du mal à prendre une décision, je prends l'objet entre mes mains ou le serre contre moi. Et immédiatement ou presque, je me sens rassuré et apaisé. Je ressens aussi de la clarté et de la confiance en moi. »

AX

# LUGHNASADH OU LAMMAS

31 juillet-1er août

## LE TEMPS DES RÉCOLTES

*« N'oubliez pas que la terre se délecte de sentir vos pieds nus et que les vents joueraient volontiers dans vos cheveux. »*

Khalil Gibran

**Énergies :** récoltes matérielles et spirituelles, sagesse, gratitude, sacrifice, convivialité, deuil, protection magique

**Arbres :** sorbier, houx, acacia

**Plantes :** sauge, lavande, capucine

**Encens :** pin, encens, sang-de-dragon

**Cristaux :** amazonite, citrine, jade

**Couleurs :** or, jaune, orange

**Rituels :** prospérité, abondance, courage, gratitude, ancrage, culte aux ancêtres, protection

## Le temps des récoltes

Lughnasadh – prononcé « lou-na-sa » – est la première des trois fêtes des Moissons (avant Mabon, l'équinoxe d'automne, et Samhain, le Nouvel An). *Lughnasadh*, *Lugnasaad* ou encore *Lughnasad* signifie « assemblée de Lug ». Ce sabbat est aussi appelé « veille d'août », « fête du Pain », « fête des Moissons ». On le retrouve également sous la dénomination de « Lammas », un nom issu du vieil anglo-saxon signifiant « miche de pain ».

Après Litha, la fête solaire du solstice d'été, voici le temps de récolter le fruit des grains semés.

Les peuples des siècles passés marquaient la première récolte tant elle était considérée comme sacrée.

Le temps des premières récoltes est un moment charnière et pour les anciens il incarnait le cycle de mort-vie-renaissance.

Lors de ce sabbat, les Celtes se réunissaient en haut d'une colline ou près d'un point d'eau, autour d'un festin qu'ils étaient nombreux à partager.

On offrait les premières récoltes à la terre et aux divinités associées.

Il est encore courant d'enterrer le premier épis de maïs récolté, notamment chez les agriculteurs, c'est un rite très ancien.

Des compétitions, des courses de char ou de chevaux ainsi que des jeux sous forme de pièces de théâtre étaient aussi organisés en l'honneur de Lugh, le triomphant.

Ainsi, on célébrait l'abondance et les nourritures de l'âme tout en assistant au déclin de l'énergie estivale et de la puissance du soleil.

La Terre, comme le féminin, est associée au commencement et à la fin, à la mort et à la vie. Ainsi, lorsque les plantes se fanent et tombent au sol, elles se transforment en compost, formant ainsi le terreau du nouveau cycle à venir, le cycle éternel.

Pour les anciens, ces premières récoltes majoritairement céréalières représentaient en elles-mêmes le cycle de la vie et de la mort.

À l'époque des Celtes, pour rendre grâce à la déesse nourricière, les prêtresses et les prêtres se rendaient de bon matin dans les champs afin de cueillir des herbes. Les grains étaient alors minutieusement séparés de la paille, puis moulus selon un rituel sacré. De la précision de ces gestes dépendait la suite des moissons.

Ensuite, on remerciait la déesse pour son abondance et on partageait le pain rond confectionné en l'honneur du soleil avec les premiers grains des récoltes.

> Le blé, présent dans beaucoup de civilisations, est souvent perçu comme un cadeau des dieux. Il symbolise la nourriture essentielle, primordiale, il est un don de la vie. Les grains de blé retournant au sol sont une promesse d'autres épis et donc de la continuité de la vie.

## Abondance et prospérité

Lughnasadh est une fête de transition située exactement entre Beltane et Samhain, à un moment clé du cycle de l'existence et de la Terre Mère. Ce sabbat est une célébration de l'abondance dédiée à tout ce que nous recevons, à tout ce qui nourrit et permet la vie.

Ainsi, de nombreux banquets, pique-niques et orgies de nourriture, de vin, de danses et de chants, étaient autant de façons d'exprimer des sentiments de gratitude et de réjouissance. Et de surtout célébrer notre lien à la terre nourricière, fertile et généreuse, et de la remercier.

À l'époque de Lammas avaient lieu en Irlande de nombreuses foires, symboles d'abondance et de prospérité ; il en existe toujours un peu partout dans le monde, y compris en France.

Marché de fruits et légumes de saison, danses et chants rituels, commerce d'or et d'argent, célébration des mariages, banquets, offrandes à la Terre, mais aussi des jeux funéraires faisaient partie des célébrations.

Le rayonnement du dieu celte de la Lumière, Lug, décroît à mesure que les nuits s'allongent. C'est à travers les récoltes généreusement répandues sur la table, du plaisir de réunir et de se réunir, de la profonde gratitude et de la convivialité que les païens célèbrent la chaleur et l'abondance de l'été.

C'est aussi un sabbat où règnent la convivialité et le partage avant que ne s'opère une transition en douceur vers la période hivernale et son introspection.

## L'esprit de sacrifice

Toute comme la gratitude, le sacrifice fait partie de l'énergie du sabbat de Lughnasadh. À l'image du soleil qui cède place à l'ombre pour laisser la terre se reposer avant de renaître, ou de Green Man (« l'homme vert »), le dieu des Récoltes qui se sacrifie pour permettre la vie des hommes, la terre, elle aussi, sacrifie ses fruits pour notre vie.

Et nous, qu'avons-nous dû sacrifier pour notre évolution, pour préserver notre intégrité, pour nous protéger ? Qu'avons-nous sacrifié pour obtenir ce que nous avons aujourd'hui ?

Sabbat de transformation et de douce transition vers la saison sombre, Lammas est aussi un moment d'introspection et de questionnements. Un temps de pause avant le renouveau.

Lughnasadh est une fête de transition durant laquelle on prend un temps pour observer le chemin parcouru, et où on savoure les fruits de nos efforts. Une opportunité de réfléchir et de voir les graines qui ont poussé dans nos vies et celles que l'on doit à présent abandonner.

Tout comme les projets, les idées et relations que nous devons sacrifier afin de laisser davantage de pouvoir à la vie, de lui rendre hommage.

La nature cyclique de l'existence, chaque étape de la vie, de la semence à la récolte est digne d'être célébrée, honorée, tel est le message de ce sabbat.

Suis-je prêt à sacrifier un peu de mon confort personnel au profit du partage des ressources ? Suis-je prêt à vouloir moins pour tendre vers plus d'égalité ? Suis-je prêt à changer ou à modifier mon mode de vie et de consommation en faveur de l'harmonie et du respect du Vivant ? Suis-je prêt à renoncer à la tentation du plaisir éphémère au profit d'un bonheur pérenne, durable ?

La terre est depuis toujours associée au commencement et à la fin, à la vie et à la mort. Déméter, la déesse grecque des Moissons et de l'Agriculture, est la gardienne de sa fertilité. Elle donne la vie à ses enfants comme elle peut aussi la leur reprendre. Lorsque sa fille adorée Perséphone disparut, elle menaça Zeus de rendre la terre infertile et d'ainsi laisser mourir tous ses habitants.

## Le temps de la gratitude

Bien souvent, nous considérons la nature comme quelque chose de flou et surtout d'extérieur, à part. Le résultat est que nous en sommes bien souvent déconnectés ; nous marchons sur des sols goudronnés, dormons dans des carrés ou des rectangles de pierres, et disposons d'une telle abondance de nourriture que nous nous permettons de la gâcher en oubliant sa provenance et le sacrifice dont elle résulte. Certes nous avons gagné en progrès et en confort, mais peu à peu, nous nous sommes éloignés du Vivant, et de notre nature profondément interconnectée à son environnement.

En considérant notre Terre comme une ressource naturelle géante qui ne demande qu'à être exploitée, nous avons oublié les autres êtres qui la peuplent, que nous avons fini par considérer comme de simples objets et auxquels nous n'apportons que peu de considération, voire pas même un regard.

Prenons le temps de nous demander ce que nous pouvons apporter à cette Terre qui nous porte. On peut commencer par lui offrir de la gratitude.

En étant dans la gratitude, nous quittons notre suprématie et l'idée que nous sommes au-dessus de tout. Nous prenons conscience de notre place dans l'ordre des choses et installons une relation de réciprocité avec notre environnement.

C'est pour moi un des enseignements les plus puissants de la Roue de l'année, de la sagesse de ces rituels et sabbats.

Prendre sa juste place dans le monde, reprendre son pouvoir et sa puissance, c'est aussi savoir dire merci pour l'eau, le soleil, la nourriture, l'air, le repos, le chauffage, l'abondance et la beauté qui nous entoure.

Que ce soit en préparant des offrandes ou par un simple merci du cœur, la gratitude est une cérémonie sacrée en soi. La magie est avant tout le regard que l'on porte sur soi et sur le monde.

Elle advient souvent dans la réponse à la question : « Que puis-je offrir pour nourrir la beauté et l'harmonie ? »

Lorsque l'on ressent de la gratitude, on commence à apprécier ce qui est, ce que l'on est aussi, et tout ce que l'on a déjà. On sort ainsi de cette course effrénée du toujours plus, qui nous donne l'illusion que seule la consommation peut nous rendre heureux pour connecter avec la véritable abondance. La gratitude permet d'établir immédiatement un lien avec son environnement, elle nous ouvre à la magie du Vivant. Elle induit aussi d'apprendre à remercier avant de recevoir.

Sentir le vent jouer dans nos cheveux, voir le soleil nous saluer à travers les arbres, observer les buissons frissonner sur notre passage sont des sensations aussi uniques que grisantes. La gratitude est un nouveau regard que l'on porte sur le monde, une façon de le reconnaître et de lui rendre hommage. « Le seul, le vrai, l'unique voyage c'est de changer de regard », comme disait Marcel Proust.

Choisir de voir la beauté du Vivant, sortir de l'idée que tout s'achète et que tout se vend, c'est choisir de la préserver, de la respecter comme l'ont fait nos ancêtres pendant des millénaires.

Nous avons le pouvoir et le choix d'ouvrir la porte de la gratitude, de la magie et de l'émerveillement. Notre réalité extérieure est le reflet de nos croyances, plus on croit à la magie, plus elle apparaît de manière concrète dans nos vies.

Remercions l'eau qui coule du robinet en ayant une pensée pour sa provenance – peut-être vient-elle d'une rivière lointaine ou d'une source cachée ? Remercions pour la nourriture qui est sur notre table en pensant à la terre et à toutes les personnes qui ont permis qu'elle arrive jusqu'à nous. Remercions pour l'odeur du café et imaginons son périple des tropiques jusqu'à notre cuisine.

La gratitude permet de nourrir le monde à notre tour par des gestes simples, des rituels du cœur, d'exprimer notre reconnaissance afin de célébrer et d'honorer notre lien avec la vie…

Plus on a de reconnaissance, plus la vie nous donne des raisons d'en avoir. C'est un cercle vertueux. Je ne connais pas de façon de se sentir plus vivant et à sa place.

Lughnasadh est un sabbat dédié à cette reconnaissance qui nous invite à œuvrer pour qu'un jour la terre puisse elle aussi être reconnaissante de ce que nous lui apportons. Une façon d'honorer tous les cadeaux de la terre et de la vie et ainsi d'œuvrer à son équilibre.

## Se reconnecter à la nature

La fête des Moissons est une façon de reprendre contact avec la Terre. Par la façon de considérer notre alimentation, de récolter nous-même des fruits et des baies, de mettre davantage de conscience lors de nos repas, de renouer avec une l'alimentation de saison en phase avec les cycles naturels de la Terre.

Il y a mille et une façons de se reconnecter à la Terre, au cycle des saisons.

On peut pratiquer le *earthing*, traduit par « mise à la terre », en marchant pieds nus dans l'herbe, sur la terre, sur le sable ou dans un parc. Cela permet non seulement de décharger les ondes négatives et électromagnétiques emmagasinées, mais de sentir le cœur de la Terre sous ses pieds.

Mettre ses mains dans la terre en jardinant ou en faisant de la poterie. Sentir les odeurs autour de soi, observer les couleurs, réveiller nos sens. Se nourrir de soleil, d'air pur, d'aliments vivants, naturels et non transformés.

Si vous n'avez pas la chance d'avoir un jardin ou que vous vivez en ville, installez des plantes vertes dans votre salon, des herbes aromatiques sur votre balcon, accrochez des photos de paysages, mettez des papiers peints naturalistes... Invitez la nature chez vous et observez la transition qui s'opère entre les saisons ainsi que les changements dans nos vies. Les sabbats sont des moments privilégiés pour prêter attention aux détails, à toutes les plantes et aux animaux qui nous entourent, tant ils ont à nous apprendre.

## ✳ DIVINITÉS ✳

- Lugh, dieu celte, fils de la lumière et des ténèbres. Dieu des Érudits, des Voyageurs, des Artisans et des Magiciens.
- Déméter/Gaïa, déesse gréco-romaine de la Terre, de la Fertilité et des Récoltes.
- Kokopelli, divinité amérindienne de la Fertilité, des Semences et de la Prospérité. Il symbolise la création de la vie.
- Tailtiu, mère adoptive de Lugh, elle est l'une des incarnations de l'Irlande.
- Osiris, dieu égyptien de l'Agriculture et de la Vie après la mort.
- Ah Mun, dieu maya de l'Agriculture et du Maïs.
- Cérès, déesse romaine des Moissons, de l'Agriculture et des Vendanges.

### Osiris : le cycle de mort-vie-renaissance

Dans la mythologie égyptienne, Osiris fut tué par son frère jaloux, Seth, et son corps fut dispersé en 14 morceaux dans toute l'Égypte. À force de persévérance, guidée par un amour incommensurable, sa sœur et épouse Isis, la magicienne, put reconstituer le corps d'Osiris, lui redonnant ainsi la vie.

Ce mythe illustre le cycle de mort-vie-renaissance dont nous faisons partie. Et si la culture des récoltes est le symbole de l'abondance matérielle et spirituelle, elle annonce aussi les prémices de l'automne et des terres gelées de l'hiver.

### Tailtiu : le sacrifice pour la vie

Dans la mythologie celtique irlandaise, Tailtiu est la mère adoptive du dieu Lugh. Alors qu'elle défrichait la forêt de Breg pour la rendre cultivable, à bout de souffle et de force, elle perdit la vie. Après qu'elle a succombé à son dur labeur, un champ de trèfle recouvrit la forêt de Breg.

Tailtiu a donné son corps, a versé son sang pour la terre et la vie. Lammas nous rappelle ainsi que la vie et la mort sont intimement liés.

Il était d'ailleurs assez courant que les foires de Lammas aient lieu sur des sites funéraires car la mort faisait partie intégrante de la vie. On honorait la mort et ceux de l'Autre-Monde pour protéger la vie sur Terre.

Lors de Lughnasadh, de grandes foires étaient organisées en l'honneur de Tailtiu.

## ✳ HISTOIRES ET TRADITIONS ✳

### Les protections magiques de Lughnasadh

Les charmes de protection, talismans et autres amulettes sont réputés très puissants lorsqu'ils sont confectionnés à l'époque de Lughnasadh.

Dans les Highlands, en Écosse, c'était à Lughnasadh que l'on renouvelait les protections magiques. Les anciens Écossais plaçaient des croix en bois de sorbier au-dessus de leur porte afin de protéger le foyer et on accrochait des fils de couleur sur la queue des vaches afin de les protéger et de garantir l'abondance de lait. On préparait également des pains ou des gâteaux faits à partir du blé des premières récoltes dont on jetait alternativement à gauche et à droite des morceaux par-dessus son épaule afin de protéger le bétail des prédateurs.

Les Celtes considéraient l'eau comme sacrée et purificatrice. À Lughnasadh, on faisait donc traverser les chevaux, les bœufs ou les moutons au-dessus d'un cours d'eau ou d'une rivière afin de les protéger et de les bénir. Les pêcheurs offraient également de la bière à la mer afin de s'attirer une abondance de poissons.

Une autre tradition est de confectionner des poupées de grain ou de maïs qui seront conservées toute l'année afin de se protéger des charmes et sortilèges et de perpétuer l'abondance de l'été.

### La danse de la pluie

Les Indiens Hopis, dont le nom signifie « le peuple paisible », vivent dans le nord-est de l'Arizona, une région particulièrement aride. Chaque année en août, ils pratiquent une cérémonie appelée « danse de la pluie ».

Ces danses sacrées durent plusieurs jours et se terminent par la fameuse danse du serpent, un rituel de mort-renaissance dans lequel les hommes dansent avec un crotale vivant dans la bouche. Ce rituel a pour but de demander aux dieux la protection des récoltes, et l'abondance d'eau qui fertilise la terre.

### La porte du Lion et l'apparition de Sirius

Entre le 26 juillet et le 12 août a lieu un portail énergétique appelé « la porte du Lion » ou encore « le réveil de Sirius ». Cette porte est un événement cosmique qui se produit chaque année lorsque le Soleil est en alignement avec la Terre et l'étoile Sirius, nous apportant un immense flux d'énergie à haute fréquence vibratoire. Une porte vers le divin sous le signe de la chance et de l'abondance et dont les énergies sont à leur apogée le 8 août, soit le 8/8.

En numérologie, le 8 représente l'infini de l'âme, sa conscience éternelle et l'abondance. Sa présence au-dessus de nos vies à ce moment-là représentait pour les anciens la maison du Ciel et insufflait la sagesse et la bénédiction des êtres supérieurs.

Sirius est ainsi nommé « Soleil spirituel », celui qui rayonne sur nos corps psychiques, ouvre nos cœurs, libère ses blessures et ses traumas et élève notre conscience.

Ses énergies sont en lien avec la transformation de l'âme et du corps. Elles nous guident afin d'élever nos vibrations et d'amorcer un nouveau chapitre de notre vie.

En Égypte ancienne, l'apparition de Sirius coïncidait avec les crues du Nil, qui étaient considérées comme un cadeau de prospérité et de fertilité.

### S'unir et se réunir

Lughnasadh est une époque propice à la célébration des unions, des pactes et des mariages. On honorait aussi nos dettes.

Le *handfasting* (voir « Le *handfasting* », p. 147) était courant pendant la saison claire, et les mariages célébrés au mois d'août étaient appelés « mariages de Teltown », la ville de Tailtiu. Ils avaient lieu le 1er août dans la foire la plus célèbre d'Irlande, la foire de Tailteann.

## PLEINE LUNE DES MOISSONS

Cette lune d'août est une invitation à honorer la fertilité de la Terre, et le monde visible ou non qui nous entoure. C'est un temps de célébration dédié à l'instant présent et au fruit de nos récoltes, matérielles et spirituelles. Une invitation à renouer avec la sagesse de la Terre et du corps. La Lune des moissons nous invite à dialoguer avec la Terre, à renouer avec comme avec notre écologie intérieure.

Soyons dans une écoute profonde de nos sens, cultivons la gratitude pour la vie et ses fruits. C'est une lune qui nous donne la force, l'énergie et la motivation d'avancer sur notre chemin, d'oser être qui on est. Nous récoltons les fruits de nos efforts, mais aussi les herbes que nous ferons sécher et qui nous accompagneront pendant la saison sombre.

Cette lune d'août annonce la fin d'un cycle, un renouveau. Elle nous invite à ralentir, à faire une pause pour intégrer les enseignements reçus au cours des six derniers mois. À observer nos premières récoltes et à ressentir de la gratitude.

La Pleine Lune des moissons est aussi une occasion de mettre en lumière l'abondance, de changer notre regard afin de la voir partout.

## ✳ ACTIVITÉS ✳

- Confectionner un talisman d'abondance et de fertilité : tisser entre eux des épis de maïs, des tiges de blé, de seigle ou d'avoine afin d'obtenir soit une poupée (*biddy*), soit un objet en forme de cœur, de spirale, de couronne, etc.
- Se promener dans la nature et récolter les premières mûres et baies de la saison. Récolter dans le jardin les premières pommes, poires ou prunes.
- Planter les graines des fruits consommés dans la journée.
- Faire un autel en l'honneur du dieu Soleil avec des fruits, des céréales, un bouquet de fleurs ou avec des tournesols, du blé, du millepertuis, des bougies rouges ou orange.
- Confectionner un pain rond en l'honneur du Soleil (voir « Rituel : le pain du Soleil », p. 204).

- Offrir de la nourriture à ceux qui en manquent ou à une association.
- Récolter quelques brins de blé qui peuvent être utilisés pour tout charme lié à l'abondance ou qui serviront de décoration à l'arbre de Yule.
- Aller au cimetière ou honorer nos ancêtres.
- Contempler les changements qui s'opèrent à l'extérieur comme à l'intérieur de nous.
- Exprimer sa gratitude pour ses premières récoltes.

**LA MAGIE DES RÉCOLTES**

La magie est partout, y compris dans la cuisine. Voici quelques exemples afin de parsemer vos assiettes de magie lors des sabbats.

- Protection : ail, oignon, citron, mûre, figue de Barbarie, myrtille, haricot.
- Prospérité : amande, raisin, prune, myrtille, chou, blé, maïs, avoine.
- Abondance : pomme de terre, petit pois, brocoli, courge.
- Fertilité : blé, carotte, concombre, chou-fleur, datte, figue, pêche.
- Lien entre les mondes : pomme, grenade.

## ⛤ RITUEL ⛤
### Le pain du Soleil

Avec la progressive christianisation des fêtes païennes, d'anciens vestiges ont perduré. Il existe ainsi un lien entre la fête de Lammas, qui rend hommage à la Terre offrant ses fruits, et la communion chrétienne, durant laquelle on remercie le Christ d'avoir offert son sang et son corps à l'humanité.

Pendant que les chrétiens mangent le corps du Christ sous la forme de l'hostie, la tradition veut qu'à Lughnasadh on fasse un pain avec les premiers grains récoltés en l'honneur de la Terre Mère, source de toute vie.

Mettre un soupçon de magie en cuisine est une façon de la diffuser autour de soi. Fabriquons de nos mains un pain de Lammas comme si nous faisions une méditation.

Choisissons un moment propice, prenons notre temps. Soyons à l'écoute de chacun de nos sens.

Allumons une bougie, faisons brûler de l'oliban ou un autre encens de notre choix.

Lorsque nous mélangeons le grain, le principe masculin, au lait qui représente le principe féminin, nous les alchimisons à l'intérieur de nous-même. Nous mélangeons notre énergie aux fruits de la terre. Observons ce processus de transformation, laissons-nous imprégner en profondeur de cette alchimie magique, porteuse de toute vie.

*Ingrédients et matériel :*

- 150 grammes de farine de blé bio ;
- 150 grammes de farine de maïs ;
- 1 sachet de levure de boulanger déshydratée ;
- 1 cuillère à café de sel ;
- 250 millilitres de lait végétal ;
- 2 œufs bio ;
- 100 grammes de beurre fondu ou 3 cuillères à soupe d'huile végétale ;
- 1 cuillère à soupe de graines de courge ;
- 1 cuillère à soupe de graines de sésame ;
- 1 cuillère à soupe de graines de pavot ;
- 1 moule rond.

*Déroulement :*

- Dans un saladier, mélangeons les farines et la levure.
- Dans un autre récipient, fouettons les œufs avec le sel, l'huile et le lait.
- Versons le résultat dans le saladier.
- Ajoutons les graines de courge, de sésame et de pavot. Ressentons de la gratitude.

- Mélangeons bien le tout, puis versons la préparation dans le moule.
- Enfournons environ quarante-cinq minutes dans un four à 180 °C.
- Partageons ensuite ce pain rond aux couleurs de l'été avec nos proches et les gens que nous aimons, sans oublier d'en offrir à la Terre nourricière – en lui en déposant un morceau au pied d'un arbre, par exemple.

## MA CÉLÉBRATION
## « Le festin de l'été », par Claudia

« Fin juillet, chaque année nous rejoignons la maison familiale située dans le Sud-Ouest de la France afin de nous retrouver en famille pour les vacances. C'est le seul moment de l'année où nous sommes autant à être réunis, toutes les générations sont présentes, c'est magique. La maison déborde de cris et de bonheur. Ce joyeux chaos est surtout un moment attendu par tous.

Lors du premier week-end d'août, nous avons l'habitude d'organiser un grand repas qui ressemble à un festin faisant honneur aux produits de saison, aux fruits d'été et aux céréales sous toutes leurs formes : pain et pâtes faits maison, on met des fleurs sur la table, les grands-mères fabriquent des petites poupées avec des feuilles de maïs séchées ou font des "soleils" avec ces feuilles. Elles le font avec les enfants pour préserver la tradition, c'est très émouvant.

Nous invitons aussi les voisins à se joindre à nous et nous partageons un grand pain de campagne rond en l'honneur du Soleil et des moissons, que nous rompons à la main. On prépare aussi une assiette pour un éventuel visiteur, qu'on dispose ensuite au pied d'un arbre.

Ce grand repas d'été est un rituel estival incontournable. Il est très fréquent que nous évoquions nos ancêtres et qu'après le repas, pendant que les enfants jouent ou font la sieste, nous allions faire un tour au cimetière afin de rafraîchir les tombes et d'honorer nos lignées. »

# MABON

21 septembre

## ÉQUINOXE D'AUTOMNE

*« Se vider de tout ce dont on est plein,*
*se remplir de tout ce dont on est vide. »*

Saint Augustin

**Énergies :** moissons, gratitude, équilibre, lâcher-prise, acceptation, douce mélancolie, transition, équinoxe d'automne

**Arbres :** hêtre, érable, pin, vigne

**Plantes :** mûrier sauvage, cumin, hibiscus

**Encens :** patchouli, myrrhe, pomme

**Cristaux :** ambre, cristal de roche, malachite

**Couleurs :** marron, vert kaki, orange

**Rituels :** abondance, protection du foyer, bannissement, transformation, réalisation

## La porte de l'automne

Mabon est célébré lors de l'équinoxe d'automne, soit vers le 21 septembre. Ce sabbat marque le second temps sacré des récoltes, des vendanges et de l'équilibre du jour et de la nuit avant que la lumière à présent mordue par les ténèbres ne quitte son trône et que la Roue tourne, tourne, encore et encore…

Si lors de Lammas on célèbre les premières récoltes de céréales, à Mabon on se délecte des derniers fruits d'été et de tous ses dérivés : vin, bière, cidre.

Lorsque la direction du temps et de sa Roue ouvre la porte de l'automne et le sabbat de Mabon, je sens la puissance de la transformation gronder en moi.

Je ressens cet appel souterrain venu du ventre de la Terre, telle une invitation à aller rechercher la lumière de l'intérieur.

J'aime cette saison. Son mysticisme et sa magie apaisent et nourrissent mon âme. L'automne est aussi un pur bonheur pour les sens avec ses nuances de couleurs chatoyantes, ses orages spectaculaires, ses fruits mûrs à point et ses épices chaudes et colorées.

Au cours du mois de septembre, les matinées et les soirées sont devenues de plus en plus fraîches, une fine brume s'est parfois même installée, si bien qu'il est agréable et réconfortant de sentir à nouveau la douceur de la laine ou du coton frôler ses épaules, flotter autour de son cou.

L'odeur de l'humus, de la terre humide, des champignons, du sous-bois, du thé épicé et de la tarte aux pommes sortant du four sont de merveilleuses réjouissances pour nos sens. Car si Mabon amorce un changement de tonalité, il signe aussi l'arrivée des délices de l'automne. Ce sabbat nous emporte un peu plus loin dans la transformation amorcée lors de Lughnasadh et nous prépare en douceur à la saison sombre.

## Mi-figue mi-raisin

L'été avec ses fêtes et ses festivals, ses unions sacrées, sa brise suave, ses longues soirée en terrasse ou sous la tonnelle, l'immense liberté des corps et des cœurs, est désormais derrière nous. Malgré tout, lors de Mabon, nous célébrons ses fruits, les joyaux de la terre et son abondance de noix, de pommes, de noisettes, de figues, de châtaignes ou encore de raisins, tous nés de l'union du Dieu et de la Déesse, de la terre et du soleil.

Au moment de l'équinoxe, on célèbre encore le fruit de nos récoltes intimes ainsi que la générosité et la fertilité de la terre nourricière. Pour les agriculteurs, c'est aussi un temps d'arrêt salvateur après les travaux aux champs particulièrement éreintants. Car aujourd'hui, si nous prenons nos vacances en été, pour nos ancêtres l'été représentait une période d'activité intense où l'on travaillait sans s'arrêter du lever au coucher du soleil.

Mabon est une porte entre l'été, sa chaleur, son abondance, et le mystère et les profondeurs de l'hiver. Un pont entre la saison claire et le début de la saison sombre.

C'est une fête de l'entre-deux, une passerelle entre le monde physique et le monde spirituel. Une invitation à revenir progressivement à l'intérieur, à prendre soin de notre foyer pour y accueillir prochainement la magie de l'hiver.

L'automne est un temps de gratitude où l'on rend grâce à la Terre et aux divinités en organisant des banquets, pique-niques, barbecues et autres plaisirs partagés autour de la table.

Et en même temps, on peut ressentir une certaine nostalgie quant aux jours d'été qui s'éloignent à une vitesse vertigineuse. De la nostalgie pour ces fruits sucrés, ces herbes parfumées, et les journées emplies de lumière et d'insouciance.

À Mabon, le Dieu, la lumière, décline peu à peu pour mourir lors de la nuit de Samhain. À partir de cet équinoxe, l'obscurité triomphera sur la lumière et nous devrons bientôt affronter nos peurs, nos émotions profondes et nos ombres afin d'y trouver nos forces.

Car ce n'est qu'en traversant ses ténèbres que l'on rencontre sa propre lumière. On peut donc ressentir un petit pincement au cœur, un brin de mélancolie lors de ce passage.

### Se préparer à l'hiver

Autrefois, si on fêtait la fin du travail aux champs, on célébrait également notre aptitude à survivre à l'hiver. La célébration des sabbats, de la nature et des dieux était aussi une manière de nourrir l'espoir, de se nourrir spirituellement afin de traverser la saison sombre.

Mabon est donc un moment de grand nettoyage physique et psychique. On nettoie, aère, secoue et prépare sa maison pour l'hiver. On range les vêtements d'été pour laisser place aux duvets, aux manteaux. On ressort les tapis, on coupe et stocke le bois qui réchauffera et alimentera le feu du foyer tout l'hiver, on réorganise les meubles et rafraîchit la décoration afin de se créer un intérieur plus confortable.

Une autre façon de se préparer est de faire des réserves. Lors de Mabon, la tradition veut que l'on ramasse les fruits et légumes gorgés de soleil, dont on fait des bocaux, des conserves, des coulis, etc.

> La spiritualité de la Roue de l'année est une spiritualité vivante, incarnée. Les actions les plus triviales peuvent devenir spirituelles si elles sont réalisées avec attention et intention. Allumer un feu, préparer un repas, récolter les fruits du jardin, regarder le soleil se coucher. Tout, absolument tout, peut être vu comme sacré.

On s'apprête aussi à faire des réserves spirituelles. Pour cela, on pose notre attention et notre conscience sur nos différentes nourritures. On se questionne afin d'amorcer les prémices de l'introspection suggérée par l'ambiance automnale. Comment je nourris mon corps ? Mes émotions ? Mes pensées ? Mon âme ? Que dois-je laisser derrière moi pour être plus libre et aligné ? De quoi ai-je besoin pour m'abandonner au feu de la transformation ? Pour abandonner mes résistances ? Quels sont les besoins de mon âme ? Qu'est-ce qui me retient et me freine sur ma route ? De quoi ai-je besoin pour évoluer et avancer encore un peu plus sur le chemin ?

## La lumière de l'eau

Les druides modernes nomment l'équinoxe d'automne Alban Elfed, la « lumière de l'eau », et honorent la déesse mère pour l'abondance des récoltes.

L'Eau est l'élément qui représente l'automne et le point cardinal de l'ouest dans la culture celte. L'Eau est aussi le symbole de la féminité, des émotions profondes, des racines, de l'héritage familial. Autant de thèmes rencontrés pendant la saison sombre.

**L'ÉLÉMENT EAU**

Née de la vapeur refroidie du feu d'anciens volcans, l'eau est l'élément qui compose 70 % de la planète et constitue plus de 80 % de notre corps. L'eau est la gardienne de la source de la vie.

Symbole du féminin, du monde psychique et émotionnel, l'eau purifie, renouvelle. Elle donne du mouvement à la vie. Elle est incontrôlable, n'a ni début ni fin, et incarne la vie éternelle.

Elle est une source d'inspiration et de connaissance qui coule dans nos vies et nos cœurs pour nous aider à nous délester de nos fardeaux.

……

……

Elle aide la vie et son cycle à se frayer un chemin à l'intérieur de nous. L'eau nous fait voyager dans nos profondeurs et guide notre route. Elle est la rivière et nos larmes, la pluie qui permet l'abondance, l'océan des possibles. Pour les Celtes, elle symbolise le cycle éternel et la guérison.

### Une invitation au changement

Mabon est une période de transformation, une invitation à abandonner des parts de soi et à muer. La nostalgie que l'on peut ressentir vient aussi du fait qu'une part de nous est prête à aller de l'avant tandis qu'une autre résiste encore, veut retenir l'été et le passé.

Que ce soient des pensées, des objets, des relations, des vieux vêtements ou bien des projets, ainsi que tout ce qui n'est plus en accord avec l'énergie dans laquelle on se trouve sont invités à être regardés, puis balayés afin de faire place à la nouveauté, au renouveau.

Le temps est venu de prendre du recul sur tout ce qui s'est passé depuis l'équinoxe de printemps, de faire le point sur les six derniers mois écoulés.

Il est aujourd'hui question d'accepter ce qui est. De s'abandonner à la transformation, et d'expérimenter le lâcher-prise. De regarder nos résistances avec bienveillance pour y faire face afin de libérer le passé et s'éveiller à l'avenir.

À l'image des dernières fleurs et des arbres qui laissent tomber leurs feuilles une à une sans résister, acceptant ainsi de mourir pour ensuite mieux renaître, l'automne nous invite à faire l'expérience du dépouillement.

Car une fois encore, ce qui semble mort aujourd'hui n'est que le terreau fertile de demain. La mort donne lieu à la renaissance de la nature et de nos âmes.

Lâcher prise, ne plus résister au changement pour s'y abandonner avec foi et confiance est une expérience aussi initiatique que libératrice à laquelle l'automne nous prépare.

C'est aussi le temps de faire le premier pas vers une nouvelle aventure, vers la voie de son cœur, de répondre à l'appel de son âme en prenant le temps de faire les ajustements nécessaires. C'est l'acte de débuter quelque chose de nouveau qui donne le feu vert à la transformation qui continuera de s'opérer au cœur de l'hiver. Il est temps de nous rappeler que nous faisons partie d'une grande histoire dont nos rêves sont la composante essentielle.

### Sous le signe de la Balance

L'équinoxe d'automne est gouverné par le signe de la Balance en astrologie. Signe de la recherche d'équilibre, elle oscille entre deux plateaux, entre deux poids deux mesures. Tout comme l'équinoxe oscille entre le jour et la nuit, soucieux d'atteindre la parfaite égalité. La Balance est le signe de l'union des polarités, de la réunion des contradictions, du féminin et du masculin. Elle nous apporte des capacités de réflexion, et amène de la profondeur dans nos réflexions et de la clarté dans nos décisions.

Tout comme le sabbat de Mabon, qui annonce la transition vers la maturité psychique, l'évolution spirituelle. C'est dans la réunion des polarités en soi et à l'extérieur de soi que se trouve l'équilibre, dans la réunification du physique et du psychique, du jour et de la nuit que l'élévation est possible.

Comme le portail de l'équinoxe, la porte de Mabon, la Balance nous aide à retrouver notre essence et sa lumière originelle en nous invitant à nous abandonner aux nombreuses transformations inhérentes au cycle de la vie.

Ce sabbat nous invite à récolter ce que nous avons fait pousser pendant toute l'année et à regarder avec courage, bienveillance et honnêteté ce qui doit être abandonné afin de pouvoir planter les graines d'évolution et d'autoguérison qui fleuriront au printemps prochain.

Il est question de trouver l'équilibre entre récoltes et abandons.

## DIVINITÉS

- Mabon, dieu gallois de l'Agriculture, de la Fertilité masculine, de la Jeunesse et de la Mort. Il est associé à Maponos, le dieu romain-celtique de la Musique et de la Poésie, ainsi qu'à Apollon, le dieu de l'Amour.

- Modron, mère de Mabon. Modron est dans la mythologie celtique galloise la Mère divine, elle incarne la Terre Mère. On rapproche Modron de la déesse irlandaise Dana, de la déesse gauloise Dea Matrona ainsi que de la fée Morgane.
- Dionysos, dieu grec de la Vigne et du Vin, mais aussi des Mystères et des Extases.
- Déméter, déesse grecque de la Terre, de la Fertilité, des Récoltes et des Grands Mystères, gardienne de l'agriculture. Mère de Perséphone, elle représente comme la déesse romaine Gaïa la Terre Mère.
- Bacchus, dieu romain de la Vigne, du Vin, des Festivités, de la Danse, de la Végétation, des Plaisirs et de l'Ivresse.
- Perséphone, dans la mythologie grecque, puissante reine des ombres, fille de Déméter et épouse du roi des Enfers Hadès, qu'elle rejoint sous terre au moment de l'équinoxe d'automne (voir ci-dessous « Perséphone, la guérisseuse guérie).
- Carpo est l'une des quatre déesses, surnommées « les Heures célestes », qui régissent les saisons dans la mythologie grecque. Elle règne sur l'automne, veille sur les fruits.
- Isis, déesse primordiale dans la mythologie égyptienne, mère des dieux, magicienne. Isis incarne aussi l'équilibre des forces, du yin et du yang. Elle est rattachée à l'élément Eau, notamment aux eaux sacrées du Nil et à la rivière des émotions.

## Perséphone, reine des ombres

### *L'histoire*

Déméter, déesse de la Terre et de la Fertilité, avait eu une fille avec Zeus, Korê, qu'elle chérissait plus que tout et à qui elle enseignait les secrets de la Terre.

Un jour, alors que Korê était en train de cueillir des fleurs, des narcisses, dans une prairie d'Inna en Sicile, la terre s'ouvrit subitement sous ses pieds. Elle disparut, engloutie dans les profondeurs souterraines, le royaume de son oncle Hadès, le dieu des Enfers, qui était tombé éperdument amoureux d'elle.

Le cri qu'elle poussa en tombant dans l'abîme hanta le cœur de sa mère.

Déméter, désespérée, se hâta de quitter l'Olympe et, un flambeau dans chaque main, erra sur Terre à la recherche de sa fille pendant neuf jours et neuf nuits. Son chagrin était si grand qu'elle menaça Zeus, le roi des dieux, de cesser de faire germer les graines et ainsi de laisser mourir tous les habitants de la Terre.

C'est alors qu'Hélios, le Soleil, lui révéla que sa fille retenue par Hadès se trouvait dans le royaume des Enfers. Déméter, furieuse, alla voir Zeus afin qu'il ordonne à son frère de lui rendre la jeune fille.

Mais comme cette dernière avait partagé la nourriture des morts en mangeant quelques grains de grenade, également symboles de mariage, Hadès refusa de la laisser repartir.

Zeus trouva alors un compromis : Korê passerait désormais six mois sur Terre auprès de sa mère, puis six mois sous terre dans les Enfers auprès de son époux, qu'elle rejoindrait chaque année au moment de l'équinoxe d'automne. À chaque printemps, elle remonterait vers le ciel avec les premières jeunes pousses, les arbres florissants et les bourgeons naissants, avant de retourner s'enfouir dans son royaume au moment des semailles d'automne. Aussi longtemps qu'elle resterait séparée de Déméter, la terre demeurerait stérile, sous l'empire de l'hiver.

### *La guérisseuse guérie*

Lors du sabbat de Mabon, on commence à se préparer à accueillir la saison sombre et le royaume des ombres dont Perséphone est la reine. Le monde souterrain représente le monde de l'inconscient ainsi que nos propres zones sombres.

L'archétype de Perséphone, que nous portons tous, incarne notre capacité malgré l'effroi à traverser nos ombres, à accueillir nos blessures y compris les plus profondes afin d'ensuite pouvoir s'en détacher. C'est de cette résilience que provient la grande puissance de cette reine. En plongeant dans les méandres de l'inconscient, aussi nommé les Enfers (pour ne pas qu'on s'y aventure ?) ou encore la profonde féminité, elle est passée de l'enfant magique blessée (Korê) à la reine des ombres (Perséphone).

C'est en faisant ce pas de côté, en arrêtant de s'identifier à sa blessure liée à son enlèvement, qu'elle a pu non seulement devenir reine, mais aussi donner la force à d'autres de ne plus s'identifier à leurs souffrances. Elle a su transformer le plomb en or, son fardeau en don.

C'est un archétype que l'on retrouve chez de nombreux accompagnants ou thérapeutes tant Perséphone incarne divinement la guérisseuse guérie.

En tant que bon Scorpion, je suis touchée par cette énergie qui, une fois transcendée et dépassée, transforme la mort en force de vie. Nous pouvons l'invoquer lors des passages douloureux de nos transformations : Perséphone nous rappelle que la guérison est un processus qui se décide puis se traverse, et que personne ne peut guérir à notre place.

Traverser son obscurité demande du courage ; on peut bien sûr être accompagné pendant la traversée, mais il n'y a que nous qui pouvons accéder à notre lumière au milieu de notre nuit noire. Mabon est un sabbat propice pour se connecter à l'énergie et à la puissance de Perséphone qui sommeille en nous et pour lui rendre hommage.

## ✳ HISTOIRES ET TRADITIONS ✳

### *Mabon ap Modron*

C'est Aidan Kelly, un wiccan, qui a donné son nom au sabbat de Mabon. Il s'est inspiré d'un conte celte, *Mabon ap Modron*, qui signifie littéralement « Fils de la mère » et faisant aussi écho à Perséphone, qui enfant porte le nom de Korê, « Fille de la mère ».

Le conte de Mabon et le mythe de Perséphone ont plusieurs similitudes car à l'âge de trois jours (ou de trois ans selon les récits), Mabon, comme Perséphone, est enlevé à sa mère pour rejoindre l'Autre-Monde des Gallois. Sa mère le pleure longuement. Seul un saumon, celui de Llyn Llyn, avait connaissance de l'île au milieu d'une rivière où se trouvait le petit Mabon. Les légendes sur sa libération diffèrent : dans la plus connue, c'est le roi Arthur et l'un de ses cousins qui le libèrent.

Mabon est resté un certain temps dans l'Autre-Monde, l'antre de la Terre, symbole de l'utérus de sa mère. C'est sa disparition, mais surtout sa connaissance du monde souterrain qui le rapproche de Perséphone.

Il est donc resté un jeune adulte, mais a été initié aux grandes sagesses – comme Korê par sa mère Déméter – et à la magie notamment par les animaux tels que le saumon, le cerf, le hibou, l'aigle et le merle. Il sortit du monde magique grandi et initié. Un de ses surnoms est « fils de la lumière ».

## Les Mystères d'Éleusis

L'origine de Mabon remonte à un festival sacré des moissons qui avait lieu en Grèce antique et dont l'histoire de Déméter et de sa fille Perséphone est au cœur : les Mystères d'Éleusis.

Dans la mythologie grecque, lors de sa quête pour retrouver sa fille, Déméter fit plusieurs haltes sur sa route avant d'arriver dans la ville d'Éleusis, située à une vingtaine de kilomètres au nord-ouest d'Athènes.

À bout de force et d'espoir, elle fut accueillie par Céléos, le roi d'Éleusis.

Afin de le remercier, lui et son peuple, de leur accueil et leur hospitalité, la déesse leur offrit ses Mystères ainsi que les secrets de l'agriculture qu'ensuite les princes d'Éleusis furent chargés de transmettre.

Si on ne sait pas grand-chose du contenu des Mystères d'Éleusis, on sait que cette initiation de nature ésotérique était dédiée à Perséphone, à Hadès ou encore à Dionysos. Elle comportait plusieurs degrés et des rites de purification préalables. Platon, Socrate, Épicure, l'empereur Hadrien et bien d'autres y ont été initiés.

Aujourd'hui, les Mystères d'Éleusis sont une fête spirituelle toujours célébrée en Grèce.

### Thanksgiving

L'essence de Mabon est assez proche de celle de la fête de Thanksgiving, célébrée essentiellement au Canada et aux États-Unis.

Lors de Thanksgiving, « action de grâce » en anglais, on remercie Dieu pour tout ce qu'il nous a permis et apporté au cours de l'année.

Cette fête date des années 1600, dans les actuels États-Unis. Deux Indiens Wampanoag prêtèrent assistance à des colons venus d'Angleterre qui en plus d'être naufragés souffraient du scorbut : ils partagèrent leur nourriture avec les survivants et leur apprirent à pêcher, à chasser et à cultiver le maïs. Lors de la première récolte d'automne, les colons organisèrent un repas en leur honneur et instaurèrent trois jours d'action de grâce, « Thanksgiving »[33].

Si pendant longtemps on a pratiqué le jeûne et fait des prières pour célébrer Thanksgiving, aujourd'hui l'opulence est d'usage. La tradition veut que l'on se réunisse en famille et entre amis, à l'instar de la fête de Noël. Et que l'on se délecte de la fameuse dinde farcie accompagnée d'une sauce aux canneberges, d'une purée de pommes de terre ou de patates douces, de pain au maïs, d'une délicieuse tarte à la citrouille ou encore aux noix de pécan.

## Souccot

Aussi appelée « fête des cabanes, de la récolte » ou simplement « Fête », Soucott célèbre l'arrivée de l'automne. Elle est l'une des fêtes les plus joyeuses de la tradition juive.

Souccot est une fête spirituelle autant qu'agricole célébrée au mois d'octobre, au moment de la fin du cycle agricole annuel. Cette fête des récoltes commémore le temps où les Hébreux vivaient dans des cabanes pendant l'exode après leur fuite d'Égypte.

---

33. Derrière ces célébrations de partage et de remerciement au Dieu providentiel se cache hélas un autre pan de l'histoire : le point de départ des guerres menées par les colons envers les tribus amérindiennes et les massacres et tragiques extinctions qui en ont découlé. Pour les descendants des tribus amérindiennes, Thanksgiving est donc davantage un jour de deuil qu'une journée de célébration.

Souccot incarne l'abandon de soi à quelque chose de plus grand, intégrant ainsi que la vie terrestre n'est qu'un passage, un épisode de l'âme.

Pendant sept jours, la coutume veut que l'on mange et dorme dans des cabanes, les *soucca*. Une façon de fêter l'abondance des récoltes et de se remémorer le temps passé dans le désert, sans terre ni biens matériels, mais sous la divine protection. On prie pour remercier l'abondance des récoltes et de la pluie qui fertilise la terre, mais aussi symboliquement l'Esprit.

Ces cabanes à ciel ouvert sont décorées avec de la végétation, des feuilles de palmier ou des rameaux et des fruits en hommage au temps des récoltes et à la nature. Lors de cette fête, les quatre espèces[34] sont rassemblées : des branches de myrte, de saule, de palmier et de cédrat. On les agite chaque jour dans les six directions – les quatre points cardinaux ainsi que le bas et le haut – en l'honneur du Créateur, mais aussi pour éviter toutes les mauvaises pluies.

### La fête de la Mi-automne

En Chine, la fête de la Mi-automne, aussi appelée « fête de la Lune », est la seconde fête la plus importante après le Nouvel An chinois. À cette occasion, les gens célèbrent les récoltes et vouent un culte à la Lune afin qu'elle garantisse celles de l'année à venir. Ils font des offrandes dont les fameux

34. Dans la Torah, les quatre espèces désignent les quatre végétaux emblématiques de la fête de Souccot.

gâteaux de lune, une coutume qui remonte à la dynastie Yuan (1271-1368).

Il s'agit d'une pâtisserie traditionnelle sucrée-salée composée de farine de blé et farcie au lotus, aux amandes, à la pâte sucrée de haricot ou de jujube ou encore au jaune d'œuf. De forme ronde, elle symbolise la pleine lune, et se déguste en famille, accompagnée de thé noir pour célébrer l'automne.

### Les vendanges de Montmartre

Mabon fait la part belle au vin et à la bière, qui sont des boissons sacrées pour les païens. Ce sabbat est d'ailleurs propice aux visites des domaines viticoles et de tout ce qui concerne l'art de la fabrication des fruits de la terre.

Les vendanges sont une manière de célébrer la terre et d'honorer son sang, le vin. Le partage des récoltes est une façon d'être ensemble, de resserrer les liens familiaux, amoureux ou amicaux avant de plonger dans la saison sombre, règne de l'intimité.

Quelques jours après l'équinoxe d'automne est célébrée la fête des vendanges, à Montmartre. Cette fête automnale remonte au XIIe siècle lorsque Montmartre n'était qu'une colline aux abords de Paris. Les dames de l'abbaye qui y était établie plantèrent les premières vignes afin de produire du vin.

## PLEINE LUNE DU CHASSEUR

La Pleine Lune du chasseur ou du Cornu est la porte d'entrée de la saison sombre, elle symbolise sa préparation. Elle nous invite à mettre l'accent sur l'équilibre entre nos parts masculine et féminine, notre corps et notre âme, la Terre et le Ciel, entre nos étés et nos hivers.

Cette lune questionne nos envies et nos souhaits les plus profonds et nous invite à mettre de la douceur dans notre foyer et dans notre vie, à regarder nos paradoxes et nos contradictions sans les juger, car ils font partie intégrante de qui nous sommes.

C'est un temps de préparation, de réajustement avant une vaste transformation. Un temps d'abandon et de lâcher-prise.

L'émotion peut être vive, un tiraillement empreint de mélancolie peut aussi se faire sentir sous cette lune faisant le pont entre l'été et l'hiver. Accueillons nos émotions, libérons nos larmes purificatrices. Dépouillons-nous.

Associée à la période de la chasse pour les Amérindiens qui, comme les païens, faisaient des réserves pour l'hiver, cette pleine lune de septembre est en harmonie avec les énergies de Mabon. Elle nous invite autant au réconfort, à la purification et au dépouillement qu'à la clôture de certains chapitres de notre vie.

## ✳ ACTIVITÉS ✳

- Grand nettoyage et purification de la maison : ménage complet, fumigations suivies de grandes aérations, nettoyage par le son, par des mantras, par des prières, etc.
- Trier, jeter, donner, changer ses meubles de place, changer de décoration, mettre du mouvement dans sa maison.
- Se promener dans la forêt et y ramasser glands, pommes de pin, feuilles mortes, etc.
- Faire le bilan de l'année, prendre du recul, réfléchir à ses projets futurs.
- Faire des offrandes de nourriture et des libations à dame Nature.
- Confectionner un autel décoré de fruits, de fleurs d'automne, de noix, de châtaignes, d'épis de maïs.
- Préparer des conserves et en offrir à ceux qui sont dans le besoin.
- Accrocher des épis de maïs séchés sur la porte ou la boîte aux lettres.
- Confectionner une couronne pour accueillir l'automne.
- Réunir des proches autour d'un repas généreux.

**LA MAGIE DES ÉPICES**

- La cannelle favorise la sincérité dans les relations, augmente les pouvoirs psychiques et attire le succès.
- La noix de muscade améliore les capacités cérébrales, atténue les nausées et favorise la chance.
- Le gingembre renforce l'amour, stimule et fortifie les forces vitales. Il augmente aussi le potentiel de réussite quel que soit le domaine concerné.
- La badiane (anis étoilé) apaise les nerfs, attise le désir et attire la chance.
- Le poivre donne du courage et de la vigueur.
- Le piment de la Jamaïque attire à soi chance et prospérité, encourage la guérison.
- La cardamome améliore la sexualité et renforce les liens d'amour et d'amitié.
- La cannelle et le clou de girofle sont des amplificateurs, ils augmentent le potentiel magique des autres plantes et épices.

## RITUEL
### L'eau purificatrice

À Mabon, l'élément Eau est à l'honneur. Grâce à ce rituel, très simple et efficace, nous pouvons purifier nos émotions avant d'entrer dans la saison sombre.

Offrons-nous un moment de tranquillité. Allumons une bougie blanche, utilisons nos outils de purification (plantes, encens) pour nettoyer l'espace. Fermons les yeux et prenons quelques profondes respirations.

Connectons-nous au centre de notre cœur en écoutant le rythme de notre souffle et demandons-lui ce qui lui pèse, et ce qu'il est désormais prêt à abandonner.

Prenons un morceau de papier, un stylo et un verre d'eau.

Notons sur le papier ce dont nous souhaitons nous libérer : une habitude, une blessure, la toxicité d'une relation, une attitude…

Laissons l'émotion monter, et si nécessaire les larmes rouler. Écrivons : « Je me libère de… »

Ensuite, remplissons le verre avec de l'eau, puis posons-le sur le morceau de papier.

Laissons-les ainsi un jour et une nuit. Au petit matin, redonnons à la terre[35] l'eau chargée de ce que nous souhaitons nous délester.

Répétons ce rituel pendant vingt et un jours afin d'entrer dans la saison sombre le cœur et l'âme allégés.

35. On peut aussi verser l'eau dans les toilettes.

## MA CÉLÉBRATION
## « Ma connexion au passage des saisons », par Charlotte

« Célébrer le passage des saisons le jour du solstice et de l'équinoxe est pour moi un profond retour aux sources. Cela me permet de marquer ces passages comme un acte de "mort-renaissance", de remercier l'ancien pour accueillir le nouveau, toujours dans cette forme cyclique que sont les saisons.

En tant que femme, c'est aussi renouer avec mon cycle menstruel, avec le cycle lunaire et avec cette nature cyclique que l'on retrouve en notre Terre Mère, comme dans nos corps, dans nos relations, dans nos vies.

Lors de ces célébrations, je me relie avec mes ancêtres et les rites fondamentaux qui permettaient d'ancrer ces temps et que nous avons perdus. Ramener ces fêtes dans nos vies, c'est revenir à l'essence. C'est honorer la Terre et exprimer notre gratitude pour l'abondance, l'amour, la vie. C'est une opportunité pour rassembler l'humain autour du Vivant et du changement et inviter chacune, chacun à oser accueillir ce changement de lumière, de chaleur, d'atmosphère. C'est nous connecter à l'énergie de la saison et tout ce qu'elle propose à nos corps et à nos êtres.

J'honore ces passages de manière intuitive et guidée, toujours avec mon art. C'est à travers la musique, les chants, la danse. Cela peut aussi être exprimé par la peinture, la sculpture, avec l'élément central du feu sacré, d'un mandala, de mots de gratitude et d'instants de partage avec les autres dans la joie, l'amour et la simplicité. »

# CONCLUSION

Être une sorcière, c'est avant tout cultiver une spiritualité enracinée dans la terre, l'érotisme et la nature.

Laissons-nous toucher par la beauté du Vivant et cette grâce divine qui nous échappe bien souvent, mais qui guérit nos cœurs et guide nos âmes.

Faisons le choix d'être guidé par la joie, les rires, les chants, les rituels, les danses, le sacré et l'amour sans condition.

Acceptons de prendre la responsabilité de qui nous sommes, osons pleinement l'aventure d'être soi.

Sabbat après sabbat, laissons en nous monter l'énergie de nos plus grands rêves. Faisons le pari d'offrir au monde ce qu'on est venu expérimenter sur Terre. Apprenons à aimer nos ombres autant que notre lumière.

En sublimant notre nature cyclique, c'est l'âme du monde que l'on sublime.

Offrons-nous ce pur bonheur, cette extase de sentir la magie couler dans nos veines et inonder nos vies. Fermons les yeux un instant et laissons-la rythmer notre cœur en toute confiance.

Nous sommes toutes et tous les gardiens de l'émerveillement du monde pour les générations à venir.

Main dans la main, ensemble nous pouvons élever nos consciences pour œuvrer pour le partage et le respect des ressources et des lois sacrées universelles afin de renaître à l'essentiel.

Soyons ces gardiens du Vivant, du sacré, de l'émerveillement, et des grands rêves de la Terre et de son humanité.

Dansons sur la Roue de l'année et son cycle éternel afin d'ouvrir la voie à une liberté que rien ni personne ne pourra jamais nous enlever.

Marie Plassard

# BIBLIOGRAPHIE

Tous les livres de la collection « Célébrations païennes » des éditions Danaé.

Charles Baudelaire, *Les Fleurs du mal*, Folio Classique, Gallimard, Paris, 2020.

Isabelle Cerf et Johann Chevillard, *S'ouvrir à l'énergie des pierres – Une approche claire et pratique de la lithothérapie*, Exergue, Paris, 2020.

Odile Chabrillac, *Âme de sorcière ou La Magie du féminin*, Pocket, Paris, 2019.

Mona Chollet, *Sorcières – La Puissance invaincue des femmes*, La Découverte, Paris, 2018.

Hagel, *Herbier des sorcières*, Danaé, Balma, 2018.

Sandra Kynes, *Le Grand Livre des correspondances – Un recueil complet et documenté pour les païens et les wiccans*, traduit de l'anglais (États-Unis) par Hervé Solarczyk, Alliance magique, Balma, 2018.

Stéphanie Lafranque, *Gardiennes de la lune – Vers la voie du féminin sauvage*, illustré par Vic Oh, Solar bien-être, Paris, 2019.

Florence Laporte, *La Magie des druides – Secrets et symbolique des plantes sacrées*, Rustica, Paris, 2018.

Ann Moura, *Sorcières vertes : Magie populaire, traditions et art des plantes, tome 1*, traduit de l'anglais (États-Unis) par Sylvie Chardin, Danaé, Balma, 2020.

Clarissa Pinkola Estés, *Femmes qui courent avec les loups – Histoires et mythes de l'archétype de la femme sauvage*, traduit de l'anglais (États-Unis) par Marie-France Girod, Lgf, Paris, 2001.

Jamie Sams, *Au cœur de la sagesse amérindienne – L'Esprit d'harmonie des Amérindiens à travers les cycles lunaires*, traduit de l'anglais (États-Unis) par Anne Delmas, Éditions Véga, Paris, 2011.

Élisabeth Trotignon, *Le Petit Livre des plantes médicinales*, Le Chêne, Paris, 2013.

Frederika Van Ingen, *Sagesses d'ailleurs pour vivre aujourd'hui – Navajos, Kogis, Maasaï, Tsaatans… Ce qu'ils ont à nous apprendre*, J'ai Lu, Paris, 2018.

# REMERCIEMENTS

Merci à la vie, au Vivant, à ses infinis mystères.

À ceux qui m'ont soutenue et à ceux qui au contraire m'ont laissée découvrir seule l'immensité de mes ressources.

Pensées toutes particulières pour ma mère, Hélène, Véronique et Ana, mes grands-mères, Nadia, et toutes les femmes de mes lignées dont je ne connais presque rien, mais qui m'ont tant donné et dont la lumière éclaire mon chemin. Ainsi que pour mon père qui n'aurait sans doute pas tout compris de ce livre, mais dont le regard, l'amour et la profonde sensibilité suffisent à toute chose.

Les lieux qui m'ont inspirée dans l'écriture de ce livre :

Le Clos Sainte-Marie dont la beauté des platanes, des tilleuls, des figuiers, des ormes et des cyprès centenaires ont guéri mes maux, nourri mes mots et mon âme. Ses animaux, du plus au moins sauvage, sa vue sur ce vallon boisé et mystérieux et la douceur de sa chambre bleue.

Le ciel, d'azur intense le jour et flamboyant à la tombée de la nuit, de cette Provence que j'aime tant, ses vols d'oiseaux avec lesquels j'avais secrètement rendez-vous.

# TABLE DES MATIÈRES

## YULE

## IMBOLC



## OSTARA

## BELTANE

## LITHA



## LUGHNASADH OU LAMMAS

## MABON

Découvrez deux ouvrages fondateurs
du féminin puissant à l'international

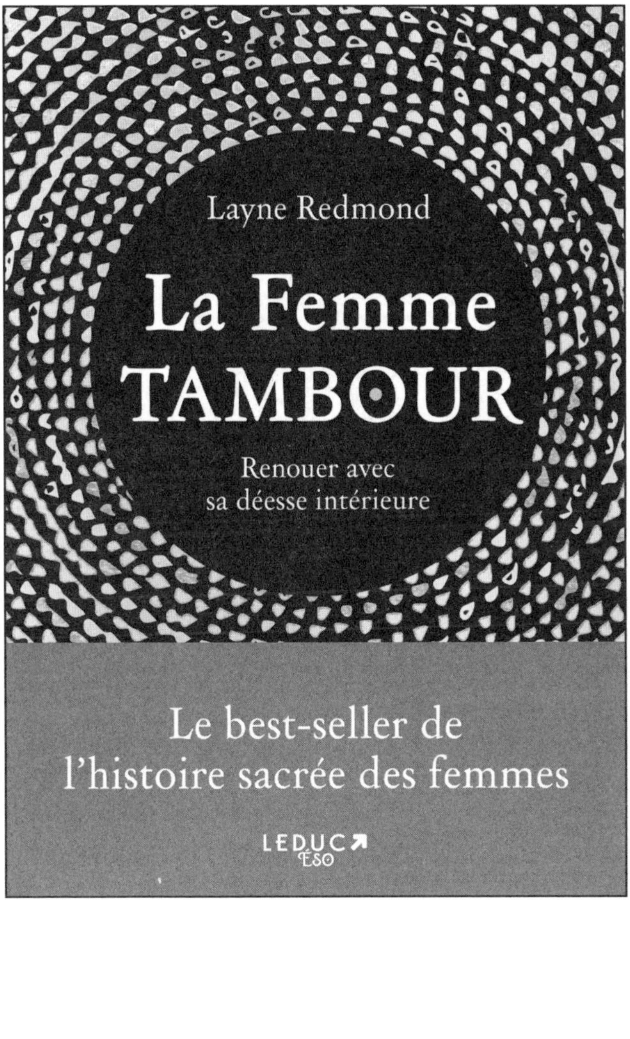

Alessandra
Belloni
La Vierge
noire
Rituels de guérison de
la grande déesse
« Un véritable trésor »
Préface de Marianne Grasselli Meier
LEDUC ÉSO

FSC
www.fsc.org
MIXTE
Papier issu de
sources responsables
FSC® C022829

Cet ouvrage est composé de matériaux issus de forêts
bien gérées certifiées FSC®, de matériaux recyclés
et de matériaux issus d'autres sources contrôlées.
Le Forest Stewardship Council® est une organisation
internationale non gouvernementale qui encourage
une gestion écologiquement adaptée, socialement bénéfique
et économiquement viable des forêts de la planète.
Pour en savoir plus, consultez le site www.fsc.org

Achevé d'imprimer en janvier 2022
sur les presses de la Nouvelle Imprimerie Laballery
58500 Clamecy
Dépôt légal : janvier 2022
N° d'impression : 110492

*Imprimé en France*

La Nouvelle Imprimerie Laballery
est titulaire de la marque Imprim'Vert®